徳島で老舗ラーメン店
継いでみた

三代目社長が見つけた成功法則

「支那そば三八」店主
岡田元一 著

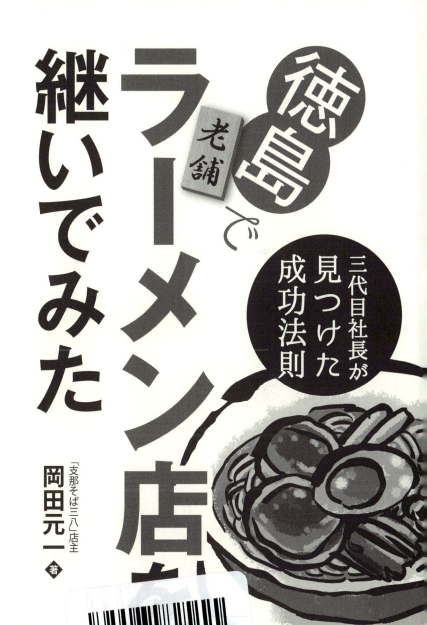

鈴木俊介　27歳　独身
東京商会に勤めて3年
東京商会
仕事は営業
ガンバルぞ
新商品の小型プロジェクターです
う〜ん
代わりばえしないな〜

まにあってるから
またにしてよ
ふーー
5件回って
受注0
やばいな〜
また上司に
イヤミ言われる…
おい鈴木！
今月の売上どうなってるんだ
もう新人じゃないんだから
しっかりしてくれよ
田舎に帰るかな〜
転職サイト
2018
あ〜ダメだ
田舎じゃ今と同じ給料のところないや

3年前
親の反対
おしきって
東京に出て
きたんだよな〜
どうしても
行くのか？
一人暮らし
なんて大変よ
こっちにいても
やりがいのある
仕事ないし…
東京のメーカーで採用が
決まったんだ
東京で
ガンバルから
成功して
みせるよ！
……って
大口たたいたのに
成功どころか…
成績もぱっとしないし
友だちもいないし
彼女もできないし…
このままじゃ
負け犬だよ

東京商会
お～い 鈴木 昼飯行こうぜ
おまえ最近 元気ないな 成績も 上がらないし…
今日も上司に イヤミ言われ ましたよ
オレ営業に 向いてないのかな？
確かに 向いてないな
ぐさ
田舎に帰ろうかとも 思ったんですが… あっちじゃ いい仕事ないし 親に大口たたいて 出て来たので… このままじゃ 帰れないんです

なさけないなー
おまえホンキ出すならラーメン店やるのはどうだ?
ラーメン
?
?
オレの大学時代の友だちがラーメン店やってる岡田さんっていうんだけど
やる気があれば素人でもできる
興味があれば紹介するよ
coffee &
岡田です
やる気さえあれば経験がなくてもお金がなくてもラーメン店で起業できます!

田舎のラーメン店は都会のラーメン店と違う成功法則があります
1年間修行すれば独立も可能！
田舎でラーメン店……
よし！一度しかない人生
チャレンジしてみるぞ！

プロローグ　田舎には仕事がないと思っている人へ

◆「田舎に帰りたくても帰れない」という現実

あなたは今どこにお住まいですか？　東京や大阪をはじめとする都会でしょうか？　もしくは、地方都市、それとも田舎でしょうか。

もしあなたが、地元から離れて都会に出てきているなら、または都会に出たつもりが、就職でまったく知らない土地で勤めていたら、「田舎に帰ろうかな」「田舎に帰りたいな」と思ったことの一度や二度はあることでしょう。

はじめまして。

四国の徳島県鳴門市で三代続く「支那そば三八《さんぱ》」という徳島ラーメンの店を4店舗経営している岡田元一と申します。

私が生まれ育った鳴門市は、人口約6万人弱の田舎で、中学生の頃などはビデオ屋は自転車で片道40分かかり、商店も早く閉まり、カラオケ店もないような状態でした。そんな地元が嫌で、ずっと都会に憧れ続けていた私は高校卒業後、徳島を出て大阪にある関西大学に進学しました。

大阪は刺激的で、とても魅力的で、楽しい日々を過ごすことができました。そして、卒業後は外食産業の大手ファミレスチェーンに就職し、大阪か東京で働きたいという希望を出していたのですが……。

勤めて2年でちょうど運悪く、そのファミレスが徳島県に出店することになり、私が徳島出身ということもあって、その店舗に出向を命じられてしまったのです。

「えっ、また、田舎に逆戻りか……」

私はとても落胆しました。

ところが、同窓会で高校時代の友だちに会うと、みんなが口々に「よかったね」と言ってくれるのです。

私は友だちの「よかったね」という言葉が腑に落ちませんでした。

しかし、よくよく話を聞いてみると、大手の会社に就職し、実家の近くで暮らせるということは、田舎の人にとっては、とてもうらやましいことだったのです。

そのときの私はまだ、都会での社会人生活に憧れていたのですが、逆に、都会での社会人生活を経験した若者たちは、「できることなら、地元に帰ってどこかの大手企業に就職したい」と思っていたのです。

また、田舎に帰って親の面倒をみたいと思っている人たちもたくさんいました。

しかし、**田舎では極端に給料が低かったり、そもそも就職先が少なかったりして、「帰りたくても帰れない」というのが実情だった**のです。

◆どうすれば安心して田舎で仕事ができるのか?

「そうか……、帰りたくても帰れない人が多いのか。じゃあ、どうすれば、安心して田舎に帰って来られるんだろう?」

たとえば鳴門市は、農業、漁業、観光で成り立っています。大きな工場もありますが、せいぜい1つか2つくらいです。観光は渦潮(春の大潮)と阿波踊りがありますが、阿波踊りは夏の3~4日間だけです。

つまり、安定的に食べていける産業はほとんどないのです。

そんなとき、友だちが私に言った一言で目が覚める思いがしました。

「ゲンちゃんはいいよな~」

「えっ、なんで？」

「だって、実家がラーメン屋だから。飲食店なら食いっぱぐれることはないよね」

当時、実家のラーメン店は父が二代目として後を継いでいました。

ラーメン店で働く祖父母、両親の姿を見ながら育ってきた私は、いつかはまた徳島に戻って店を継ぐだろうなと、うっすらとは思っていましたが、当面先のつもりでした。でもこれがきっかけとなり、早く実家の仕事に就いて後を継ごうと決めたのです。

以来、私はラーメン店の三代目になるための修行をしながら、どうすれば都会に出て田舎にUターンしたいと思っている人たちを受け入れることができるかを、真剣に考えるようになりました。

そして、

「地元に帰って来たい人たちに、ラーメン店を開く方法を教えよう！」

これが私の出した答えでした。

◆田舎で開業するならラーメン店がいい4つの理由

なぜ、田舎のラーメン店起業がおすすめなのか？

その理由は、大きく分けて4つあります。


1つ目は、ラーメン店を始めるのに特別な資格や技術が必要ないことです。

調理師免許を持っていなくても、食品衛生責任者の資格さえあれば、ラーメン店を開業することができます。

もしラーメン作りに自信がない場合でも、短期間で作り方を学べる学校があったり、最近は製麺技術やスープ作りも進化しているため、業者に依頼すればどんな味でも自由自在に作ってくれもします。


2つ目は、ラーメンはお寿司やハンバーグなどのご飯ものと違い、原価率が非常に低いことです。

つまり利益率が高いので、人口が少なくて薄利多売の商売が成立しにくいといわれる田舎でも、十分にやっていける業態なのです。

3つ目は、出店および店舗運営に関する費用が都会に比べて大幅に安いことです。都会であれば月30万円するような賃貸物件も、田舎ならその10分の1くらいの値段で借りることができますし、人件費も食材も、地元のものを使えば安くなります。出店や店舗運営に関する費用が安いということは、田舎ならではの大きなメリットなのです。

そして4つ目は、ラーメンは日本人の国民食であるということです。民間調査でも、10代から60代の全国男女1200人に、ラーメンが好きか尋ねたところ、「大好き」、「好き」と答えた人は77%にのぼるという結果が出ています（2014年リサーチバンク）。また、全国の20~60代男女1340人の6割が週に1回以上ラーメンを食べているという結果も発表されています（sirabee.com）。

日本中どこでラーメン店を始めても、地域の人々に受け入れられる可能性は高いのです。

◆同じラーメン店でも都会と田舎では成功法則が違う！

この本は、単なるラーメン店の開業マニュアルではありません。

この本は、田舎でラーメン店を開業して成功するための本です。

じつは、都会で成功しているラーメン店のノウハウを、そのまま田舎に持ってきても、うまくいくとは限りません。

なぜなら、田舎には田舎ならではの成功ノウハウがあるからです。

そんな田舎でのラーメン店の成功ノウハウをまとめたのが本書です。

本書でいう「田舎」とは、半径5キロ圏内に10万人くらいの人口がいるエリアのことです。県庁所在地でなくても、駅前の繁華街でなくても、これくらいのエリアであれば、十分商売が成り立つのです。

この本には、私自身が徳島県鳴門市という田舎で、三代目として実際にラーメン店を4店舗経営する中で、成功も失敗も含めて自ら経験して、築いてきたノウハウがぎっしりと詰まっています。

ですので、

「今、都会にいるけど、田舎にUターンしてラーメン店を始めたい」

「今、田舎にいるけど、もっと収入を増やしたいのでラーメン店を開業したい」

という人には、ピッタリの本といえるでしょう。

また、なぜ「支那そば三八」が三代にわたって続いてきたのか、私が家業を継いだばかりのときから現在までの話も載せています。

この頃は実家が家業を順調に営んでいても後を継ぐ人がおらず、やむを得ず廃業するという話をよく耳にします。そのような中で、家業を継いだ私がどのような気持ちで、どのような失敗を繰り返しながらやってきたのかを赤裸々に綴ることによって、家業を継ごうか迷っている人や、子供に継げとは言い出せない親御さんへの何らかのヒントをお伝えできればとも思っています。

いずれにせよ、この本が、あなたが田舎での起業を成功させるきっかけになれば幸いです。

「支那そば三八」店主

岡田元一

CONTENTS

第2章　田舎でラーメン店を開業するために

CONTENTS

第3章 店舗づくり

CONTENTS

第4章 味・メニューを考える

第5章

田舎の販促活動～田舎の販促は都会とはまるで違う

CONTENTS

第7章 田舎で勝てる人気ラーメン店の作り方

CONTENTS

・マンガ：つだゆみ
・企画協力：株式会社天才工場　吉田浩
・編集協力：堀内伸浩

第1章

徳島のラーメン店「支那そば三八」が三代続いている秘密

1 はじまりは「冬場、仕事が暇だったから」

私が四国の徳島県で4店舗を経営している徳島ラーメンの店「支那そば三八」は、祖父が開業して、現在私が三代目になります。

私の祖父が鳴門市内でラーメン店を始めたのは、１９６９年、今からおよそ50年前でした。もともと祖父は「岡田冷菓」というアイスクリームの製造業と卸売業を営んでいました。

岡田家の歴史を遡ると、私の五代前にあたる祖父の祖父が、漁師さんが使う「ハリス」という釣り糸の製造卸でひと財産を築いていたそうなのですが、祖父の父親（曾祖父）が遊び人で、ギャンブルや借金の保証人などで財産をすべて使ってしまい、家を失い、ほどなくして本人も亡くなったとのことです。

まさに一文無しの状態から、私の祖父は再びハリスの製造卸を始め、後にアイスクリームの製造卸に仕事を変えたそうです。

ところが、アイスクリームの製造卸はどうしても冬場が暇になるので、冬場に売れる何か温かいものはないかと考えたところ、思いついたのがラーメンだったというわけです。

近所の老舗ラーメン店の味をベースにオリジナルの味を研究

ラーメン店を始めようと思い立ったものの、それまでラーメンなど作ったことのなかった祖父は、徳島県の小松島市にある「岡本中華」という有名な老舗のラーメン店に通い詰めました。

そして、そこの店主と仲良くなって、スープの作り方を教えてもらったり、製麺所を紹介してもらったりと、色々と教えを請いながら、独自の味を研究していったそうです。

ただ、ラーメンは「かえし（スープで割る前のタレのこと）」で味が変わるもの。そこは店の秘密であるので教えてもらえず、祖父は岡本中華の裏口に行って、しょうゆの空き瓶を見て、どこのメーカーのものを使っているのかを調べたりもしたといいます。

当時はアイスクリームの製造卸もやっていたため、どこかのラーメン店でみっちりと修行をすることはできないという事情もあったのでしょう。

今思うと、修行もせずによくラーメン店を開業できたなと思いますが、とにかく祖父はそういう経緯でゼロからラーメン店を始めたのです。しかも、屋台や自宅の倉庫を改装してといった小さな始め方ではなく、いきなり鳴門市内に25席の店舗を借りて、夫婦2人でスタートを切りました。

このとき祖父がつけた店名が「支那そば三八」でした。なぜ「三八（さんぱ）」なのかについては諸説あるのですが、一番有力なのが、ハリスの製造卸でひと財産を築いた祖父の祖父が、「鳴門の三羽烏」と呼ばれていたことから、それにあやかろうとして「三羽」の「羽」を末広がりの「八」に変えて「三八」にしたという説です。

このネーミングがよかったのかどうかはわかりませんが、幸いにも店の目の前が市役所で、隣が消防署で、裏が税務署という恵まれた立地だったことに加え、鳴門市内にはラーメン店が1軒もなかったこともあって、オープン当初から祖父のラーメン店は夫婦2人で食べていけるくらいのお客様は入ったようでした。定休日はとりあえず火曜とし、土日は店を開いていたとのことです。

当初は、昼はよく客が来るものの夜は少なかったそうですが、あるとき新聞でおいしいラーメン店として紹介されたことがきっかけとなり、繁盛店になっていったと聞いています。

始めのうちは、アイスクリームの製造卸とラーメン店を兼業でやっていたのが、ラーメン店が繁盛するようになり、アイスクリームの製造は手放すようになったそうです。

祖父は試行錯誤する中で、豚骨に鶏ガラを加えて、豚骨7：鶏ガラ2でスープを作ることにし、それが従来の白系とは少し異なる色と味の違いを生み出しました。そして、このとき祖父が作ったオリジナルのスープが、今なお当店のスープとして代々受け継がれ、地元の人たちに愛され続けているのです。

2 二代目と2・3号店

さて、祖父が1号店をオープンしてから5年後の1974年に、今度は父が店主となって鳴門市の斎田という場所に「支那そば三八」の2号店を出店しました。

当時はきちんとしたレシピがなく、スープは父が独自に作っていたため、味は1号店の祖父のものとは、微妙に違っていたかもしれません。

しかも、ちょうどファミレスが出始めた時期で、父はチャレンジするのが好きなタイプなこともあり、幅広い世代が来店するなら、みんなでわいわい楽しめるように、色々なものを取りそろえたほうがいい、という方針であったそうです。

そのため、一番多いときではラーメン以外にお好み焼き、チャーハン、ナポリタン、コーヒーゼリー、大判焼き、かき氷などなど、1号店では出していないサイドメニューを出していました。

なかでもお好み焼きは人気で、それを目当てに来るお客様も多かったようです。

それから5年後、１号店オープンから数えると10年後の１９７９年には、今度は父の友人が店主となって鳴門市の黒崎という場所に「支那そば三八」の３号店を出店。こうして祖父がラーメン店を開業してから10年で「支那そば三八」は３店舗体制になったのです。

ただ、店の名前は同じでしたが経営は別々。スープもそれぞれの店舗で作り、メニューも統一されていませんでしたので、チェーン店というよりは、別の店が３つあるという状態でした。１９９８年の明石海峡大橋開通のときは、ご当地ラーメンブーム、徳島ラーメンブームともなり、かなり売上が上がったということでした。

ちなみに、３号店で修業した人が、１９９４年に大阪で「友翔」というラーメン店を開業され、写真週刊誌の『フライデー』が特集する「関西ラーメン店ランキング」で３年連続１位に輝いています。

3 三代目、ラーメン店の修行に入る

大手チェーンと、個人店舗の違いに驚く

私が実家に戻り、「支那そば三八」1号店で修業を始めたのは、2004年6月、24才のことでした。

当時、祖父はすでに亡くなっており、1号店は78才の祖母と、母が中心になって切り盛りし、祖母が主にラーメンを担当していました。また他にもう1人社員も働いていました。

私は祖母からスープをはじめラーメンの作り方を教えてもらったのですが、このとき驚いたのが、祖母の作り方がけっこうアバウトだったことです。

スープは毎日同じ材料と分量で作るので同じ味になっているのですが、**かえしのしょうゆダレの分量が1杯1杯微妙に違う**ので、食べ比べてみると、微妙に違う味のラーメンスープになっていたのです。

これは祖母だけでなく、父の店でも同じような感じでした。祖母も父もかえしを目分量で入れていたのです。

ファミレス時代は、1グラム単位まできちんと計量カップで量っていましたので、祖母や父がやっていることに驚きを隠せませんでした。

「もっときちんと計ったほうが、ええんちゃうの?」と何度も言ったのですが、祖母も父も「これでええんや!」と言うばかりで取り合ってくれませんでした。

しかし、「将来もっと店舗を増やしていくことを考えた場合、誰が作っても同じ味になるようにしなければいけない。そのためにはきちんとしたレシピを作っておく必要がある」と考えた私は、祖母に頼んで10杯のどんぶりにいつものようにかえしを入れてもらい、その平均値を出すことで、かえしの量を決めるなどして、ラーメンの作り方をマニュアル化していったのです。

1号店の店長としてスタート

私が1号店で修業するようになって3カ月後のこと。突然、祖母が大腿骨を骨折し、店に出られなくなりました。さらにときを同じくして、ビルのオーナーから、マンションに建て替えるという話が出ました。

オーナーは三八のラーメンを気に入ってくれていたので、マンションの1階もしくは隣に店舗を用意するから残ってほしいと言われたのですが、考えた挙句、私たちはその申し出をお断りすることにしました。

なぜなら当時の1号店は店内の25席に対して駐車場が7台分しかなかったため、よく近隣の住人とトラブルになっており、その場所に残ったとしても同じようなトラブルが起こることが容易に想像できたからです。

そこで1号店から15キロほど離れた徳島市の田宮というところに新たに物件を借り、移転することにし、その田宮店の移転オープンを機に、私が店長を務めることになったのでした。

ちなみに全国共通の問題で、常連のお客様がついていても、廃業していくラーメン店は多いそうです。その一番大きな要因は、やはり後を継ぐ人がいないということで、また、廃業のきっかけとなるのは、店主やメインで切り盛りをしている家族が年をとり、病気や怪我をしてというケースが多いそうです。私の父も、67才のときに仕事で脊椎圧迫骨折をしたことが、店主を退いたきっかけでした。

さて、「〈支那そば三八〉の三代目が田宮店の移転オープンを機に店長に就任する」ということで、地元の新聞やタウン誌がこぞって記事にしてくれたこともあり、田宮店のオープン時は盛況で、初日の売上も20万円を記録しました。

以前の1号店の常連さんたちも楽しみにしてくださっていたようで、オープンのお祝いにたくさんの方が駆けつけてきてくださり、当初はかなりのにぎわいを見せていました。

ただ、周りからは「店主が変わると色々なことを言われるから注意しろ！」と言われていたので、「前より味が落ちた」とか「量が減った」などと言われないように、スープの味に細心の注意を払い、チャーシューの量も前より増やすなどして、万全の態勢で臨みました。ところが、実際間を置かず「味が落ちた」「量が減った」などと言う常連さんが出てきたのです。

このとき、私は「そんなはずはない！」と思っていましたので、彼らの言葉に真剣に耳を傾けようとはせず、「そうですかね～」などと、適当に答えていました。

今思うと、もう少し謙虚な姿勢で接していたら、その後の展開も変わっていたのかもしれませんが、このときは「この人たちの舌はええ加減なもんやなぁ～」くらいに思っていたのです。

しかし、それは大きな間違いで、**味というのは「誰が作ったか?」によって印象が大きく変わる**のだと、後に痛感することになるのでした。

4 店長失格

大手ファミレスのやり方を田舎のラーメン店に導入した結果……

飲食業界には**「お客様は人につく」**という言葉があります。

要するに、その店の味よりも、その店の店長やスタッフなどの人に会いに来るという意味です。

私もその言葉は知っていましたし、祖母の店や父の店の常連さんたちが、祖母や父に会いに来ていることも実感していました。

しかし、私はそれが店にとって本当にいいことなのかどうか、迷っていました。

大手ファミレス時代は「お客様が人につく」ということはありませんでしたし、人についたら、その人がいなくなるとお客様が来なくなるのではとの不安もあって、私は店長になったとき、あえて「お客様が人につかないで、店につく」店づくりをしようと思ったのです。そして地元に密着した集客からの脱却を図ろうとしました。

父は基本は厨房で調理を担当していましたが、時間のあるときは会計にも出てお客様と話をしたり、ときには入口まで出て声をかけたりしていました。

一方私はあまり表に出ないようにして、厨房でのラーメン作りに集中するようにしました。また、お客様から声をかけられても、相槌を打つくらいで、あまり自分を出すことはしませんでした。

それよりも、味で勝負ということで、誰が作っても同じ味になるように、徹底したマニュアル化を行ったのです。つまり、私は大手ファミレスで学んだやり方を、田舎の個人経営のラーメン店に導入しようとしたのでした。

それが良かったのか、悪かったのか？

その答えは少しずつ目に見える形で現れ始めました。

１年２カ月後、１日の売上が３分の１に激減

オープンから３カ月間の売上は、１日20万円前後で順調に推移していました。

ところが、4カ月目から売上が徐々に下がり始めたのです。

メニューが悪いのか？　もっとサイドメニューを充実させたほうがいいのか？　はたまた店内の照明が暗いのか？　パートやアルバイトの接客が悪いのか？

色々変えて試すものの、売上は落ちていく一方で、そのうち私は完全に迷路に迷い込むようになっていました。

今思うと原因は、私が**「お客様が、人ではなく店につく店づくり」を目指したために、前の店の常連さんたちが去っていった**からだと思います。

常連さんの中には私に会いに来てくださる方もたくさんいたのですが、私につかれたら困るという意識があったので、深く関わることなく「いつもありがとうございます。また来てくださいね」くらいの軽い感じで接していました。

また、常連さんが私に言ってくるのはだいたい「前のほうが良かった！」とか「代が変わって悪くなった」とか「もっと前みたいにこうしたほうがええんちゃうの？」などといった前の店との比較がほとんどでした。

そのような苦言を聞きたくなかったことも手伝って、私はできるだけ常連さんとの接触を避けていたのです。

このような私の考えが常連さんだけでなく、他の新規のお客様にも伝わったのでしょう。

私のそっけない態度が冷たく感じられたのかもしれません。

今思えば、常連さんたちの声にもっと真摯に耳を傾けておけば、そこまで売上が落ち込むことはなかったのではないかと思います。そして、せめて看板やのれん、屋根のトタンでもいいので、何か前の店のものを残しておけば、安心感を与えられたのかもしれません。

しかし、当時は大手ファミレスで結果を残してきたという自信もあっただけに、「何もわかってない人たちの声なんか聞く必要ない！」とさえ思っていたのです。

25人採用したスタッフがたった2人に

売上が激減して落ち込む私に、さらに追い打ちをかけるように襲ってきたのが「人」の問題でした。

25席の店舗ですが、平日は昼のピーク時に４人、夜も４人、土日はプラスでアルバイトが1～2名というのが、当初の従業員数でした。しかし売上の低下と並行するように、パートやアルバイトの数がどんどん減っていっていたのです。

とにかく「採用しては辞められる」の繰り返しで、結局25人採用した中で、1年後に残ったのは、たったの２人だけでした。

当時の私は誰が作っても同じ味、誰がやっても同じサービスができるように、すべての作業をマニュアル化していましたが、それを順守することをスタッフたちにも強要していました。

細かく指定されたマニュアルを守るということは、私が元いたファミレス業界では当たり前のことでした。だから、当然みんなも守ってくれるだろうと期待していたのですが、現実はそうではありませんでした。

面と向かって不満を言ってくるスタッフはいませんでしたが、心の中で「こんな細かくマニュアル化しなくてもいいいんじゃない?」と思っている人は少なからずいたようで、それが態度に表れている人もいました。

今でもマニュアル化したことは間違っていなかったと思っていますが、私が作ったマニュアルを順守してもらうためには、スタッフとの信頼関係が前提になければいけないということを、当時の私は知らなかったのです。

大手ファミレスの場合は、そのブランドに対する信頼があるため、わざわざ店長とスタッフの間で信頼関係を構築しなくてもマニュアルを守ってくれるのですが、小さな店の場合はそうはいきません。

きちんとした根拠があったとしても、店長に対する信頼がなければ順守はしてくれないの

です。

こうして、リニューアルオープンから1年3カ月後の2006年11月7日には、1日の売上がピーク時の約3分の1の7万2000円まで落ち込んでしまったのです。

二代目の父との確執に悩んだ日々

お客様からもスタッフからも「NO」を突きつけられた私は、完全に自信を失い、頭の中に「倒産」の二文字がチラついていました。

当時まだ独身だった私は両親と同居していたのですが、変なプライドもあって、自分から相談をせず、1人で悩んでいました。

しかし、父は私の店の売上も把握していましたので、父のほうから「売上が下がっているようだけど、大丈夫なのか?」と声をかけてくるようになったのです。

そこで、「色々試してはみてるんやけど、なかなかうまくいかへんね。どうしたらええんやろ?」と言うと、父は一言、「そんなもん、原因はおいしくないからに決まってるやろ！ちゃんとおいしいラーメンを作ってたら、お客様は来てくれるはずや！」と、抽象的なことを言ってきたのです。

そこで、「おいしいって何よ?」と聞くと、父は「おいしいは、おいしいや」を繰り返すばかりで、「おいしい」の定義も、何をすれば売上が上がるのかという具体的なアドバイスも出てきません。

「餃子も始めたし、チャーハンもやろうかと思っているんやけど」と言うと、「いろんなもんに手を出さんと、ラーメン一本で勝負せえ!」と、自分の店ではお好み焼きや焼きそばなど色々なものを出していたにもかかわらず、私にはラーメン一本で勝負しろと言うわけです。

このような不毛な議論が、毎晩父と顔を合わせるたびに繰り返されるようになり、それが嫌で私はいつしか父を避けるようになっていきました。

そんな私が父の偉大さに気づいたのは、それから約10年後のこと。

父が病に倒れたとき、私が代わりに父の店の厨房に立ったのですが、実際にそうしてみると、「おやじは40年間ずっと毎日ここに立ち続けて、俺たち家族を支えてくれていたんだ」という思いが込み上げてきて、父に対する感謝と尊敬の気持ちが湧き上がってきたのでした。

集客の方向転換

売上がどんどん落ち込み、スタッフもどんどん辞めていくという状況の中で、当時私が打開策を求めて頼ったのは、ビジネス書でした。

なかでも、最大の悩みは「どうしたらお客様が来てくれるのか？」と「どうしたらスタッフを採用できるのか？」ということでしたので、集客と採用の本を中心に、まさに「手当たり次第」にビジネス書を読み漁ったのです。

特に、集客については本当に深刻で、夜のお客様が3組だけということも珍しくはない状況でした。

そこで、本を読んで役に立ちそうなことが書いてあると、とにかく片っ端から実践するようにしていきました。

その中で、最も感銘を受けたのが、神田昌典さんという経営コンサルタントが書かれた『口コミ伝染病』という本でした。

私はこの本を読んだとき、まさに頭をハンマーで殴られたような衝撃を受けました。

なぜなら、それまではお客様が人につかないように、自分を出さないようにしていたのが、この本では**小さなお店は自分を出して、自分のファンになってもらうことが大事**だと書かれていたからです。

そのための具体的な方法として、お客様の声を集めることや、ニュースレターを発行すること、ブログを書くことなどが書かれていて、私はそれを全部、忠実に実行することにしたのです。

その本を読んだのが２００６年11月で、翌12月からは早速、お客様の声を集めて店内に貼り出すようにしました。じつは、この「声集め」は、後に発行するニュースレターを送るための「会員集め」にもなっていました。

そして、同時期にブログも始め、自分の思いや考え方を発信するようにしました。

さらに、２００８年１月には、満を持して『三八新聞』というニュースレターを創刊。これら３つのことは、10年以上経った今でも続けています。

これらのことをやり始めて以来、お客様が少しずつ増えるようになり、売上も徐々に回復していきました。

5 社長就任から倒産の危機

2011年、社長に就任

その後、2009年に徳島駅前の商業施設に4号店をオープン。そして、2011年に3号店の店主だった父の友人が引退したのを機に、3号店をリニューアルしました。

このタイミングで私が社長に就任し、父の店（斎田店）を除く3店舗を私が統括することになりました。実家に戻ってから7年目、31才のときのことです。

これを機に、私が最初に取り組んだのは、味の統一でした。

これまで店舗ごとにスープを作っていて微妙に味が違っていたことから、味の統一を図るために、一括して3店舗分のスープを作る工場を建てることにしたのです。

規模は全然違いますが、大手ファミレスで言うところのセントラルキッチンのようなものを目指したわけです。

そこでは今でも、スープの他にチャーシュー、餃子、煮たまごなども一括して作っています し、色々な機材や資材を保管しておく倉庫としても使用しています。

ただじつは、このスープ工場を造るために、銀行から約1000万円の借金をしたことが、後に私を苦しめることになるのです。

経営者失格？　資金ショートで倒産の危機

当時、私は会社の数字のことが何もわかっていませんでした。

なかでも私自身が銀行から借金をするというのは初めての経験だったので、毎月いくらずつ返していくのが適切なのか、皆目見当がつかなかったのです。

そこで、1000万円を10年で返すという選択肢もあった中で、早く返してしまったほうがいいだろうと思い、5年で返済することにしました。毎月の返済額は17万円くらいでした。

じつは、これだけなら特に問題はなかったのですが、当社はこの他に、1号店を移転オープンしたときの借金や、4号店の徳島駅前店をオープンしたときの借金、さらには3号店の黒崎店をリニューアルしたときの借金があって、銀行への返済がトータルで毎月90万円くらいになってしまったのです。

今思うとなんともお恥ずかしい話ですが、そのときはまさか毎月の返済額がこんなになるとは思ってもいませんでした。

しかし〝後悔先に立たず〟で、借りたものは返していくしかありません。まず自分の給料をゼロにし、さらに自分の貯金を切り崩して会社に貸し付ける形でなんとか凌いでいたのですが……。

あるとき、会社のお金を計算してみると、このままでは数カ月後の2015年5月には、会社の資金が底をついてしまうことがわかりました。

このまま何もしなければ、資金ショートで倒産することになる――。

まさに絶体絶命のピンチを迎えていたのです。

このピンチを乗り切るべく、私は店の売上以外でもキャッシュを作ることを考えました。

その一つが、イベントの出店です。

これまで地元のお祭りなどに出店して、1日で20万円くらいの売上を上げたこともあったので、私にとってイベントは、店の宣伝にもなるしお金にもなるという、まさに一石二鳥の伝家の宝刀だったのです。

そこにちょうど飛び込んできたのが、東京の日比谷公園で毎年行われているB級グルメイベントの情報でした。

予想来場者数は3日間で約30万人。出店するお店の数は100店舗なので、単純計算で1店舗当たり3000人。

1杯500円として3000杯で150万円。そこまでいかなかったとしても、100万円くらいの売上にはなるだろうと皮算用をして臨みました。

ところが、蓋を開けてみると、3日間で出たラーメンの数は、なんとたったの150杯。売上にして7万5000円。

イベントの出店料や人件費、材料費などを計算すると、120万円の大赤字だったのです。100万円の売上を上げるはずが、逆に120万円の赤字ということで、経済的なダメージだけでなく、精神的なダメージも相当大きなものがありました。

そこに追い打ちをかけるかのように、多額の出費が襲いかかってきました。

前に、一度だけお願いしたことのあった社会保険労務士が補助金詐欺でつかまり、当社が補助金を不正受給した格好になっており、県から100万円の返金を求められたのです。

騙された企業の中には1000万円以上の返金を求められたところもあったようですので、

当社の傷はまだ浅いほうでしたが、それでも当時の状況で、追加の100万円は非常に大きな額でした。

120万円の赤字に加え、100万円の返金。

ただでさえ、借金の返済で苦しいときに、予想外の220万円の出費は、私を崖っぷちに追い込んだのでした。

6

業績回復と挑戦の日々

リスケで90万円の返済額を35万円に圧縮

いよいよ追い込まれた私は、救いを求めて、セミナーや交流会に参加するようになっていました。

このとき、ある交流会で知り合ったのが、飲食店などを中心に、スタッフをほめることで売上を伸ばす「ほめ育コンサルタント」として活躍されていた原邦雄さんでした。

２０１４年当時、借金問題でイライラがピークに達していた私は、意識せず2店舗の店長にきつく当たっていました。

「売上目標を達成していないじゃないか！」、「スタッフの採用もできていないじゃないか！」、「スタッフの教育ができていないじゃないか！」などなど、会社が大変なときに、結果を出してくれない店長たちに苛立ちを感じ、知らず知らずのうちに彼らを責めていました。

その結果、2人の店長がほぼ同時期に辞めてしまったのです。

会社のキャッシュがなくなるというタイムリミットが刻一刻と迫る中で、ここで売上を落としてしまったら、タイムリミットが早まってしまう。それだけはなんとか避けなければいけない――。

私は藁にもすがる思いで、ほめ育コンサルタントの原さんに相談したのです。

そして同時に、借金問題についても原さんに相談したところ、**銀行と交渉して返済条件を変えてもらえる「リスケ（リスケジュール）」というやり方がある**ということで、その専門家を紹介してもらうことになったのです。


専門家のアドバイスにしたがって、まずは複数の銀行から借金していたのを、一本化することで金利を安くする交渉から始めました。

さらに返済期限を長くし、90万円あった月々の返済額を35万円まで減らしたのです。

ただ、設備資金として借りていたものについてはリスケができないということで、これについてはいったん返済した上で同額を運転資金として借りることで、他の借金と同じ条件にしてもらうようにしました。

この設備資金の残債が約1000万円あったので、まずはなんとかしてこのお金を調達する必要がありました。

しかし私の貯金はほとんど会社に貸し付けていましたので、私にはお金がありませんでした。そこで、父に正直に話して、なんとか1000万円を用立ててもらい、2015年5月6日に銀行に返済したのです。

その翌日の7日には、運転資金として返済したお金と同額の約1000万円が会社の口座に振り込まれることになっていたのですが、実際に振り込まれたのを確認するまでは、本当に気が気ではありませんでした。

なぜなら、その3日後の5月10日が給料日で、約500万円のお金が必要だったのに、会社の口座にあるお金は100万円を切っていたからです。

1000万円入ってこないと、スタッフの給料が払えない――。

結果的には無事に1000万円の運転資金が振り込まれたので、倒産の危機は脱出することができたのですが、このときばかりは本当に寿命が縮まる思いでした。

この一連の出来事で、**借りたお金を早く返すことがいいわけでも、無借金経営だけが必ずしもいいことでもない**、ということを実感しました。

小さい店だと日銭のほうがいいと思いますが、従業員も雇い、そこそこの規模になってきますと、仕入れ日と支払い日のずれなどの把握も大切になってきます。そのような入金と支払いの感覚を身に着けるよう努力しておくべきだったのです。

リニューアルオープンでスタッフ採用

話は前後しますが、2人の店長が抜けた穴をどうやって埋めるかという問題も、2014年当時の大きな悩みの種でした。

特に、4号店の徳島駅前店はスタッフの数も足りず、何度か募集をかけてはみたものの、一向に人が集まらず、このままでは店を閉めるしかないという状況まで追い込まれていました。

最悪の場合は、別の店舗から人を回すこともできましたが、それだと共倒れになる危険性もあったため、なんとか徳島駅前店単独でスタッフを募集したかったのです。

そこで私が採った方法は、「リニューアル募集」でした。

過去の経験から、**通常のスタッフ募集だとなかなか集まらないのに、オープニングスタッフ募集だと人が集まる**ことがわかっていました。

そこで、思い切って4号店をリニューアルすることにし、「リニューアルオープンにつきスタッフ募集！」ということで募集をかけたところ、思惑どおり人が集まってきたのです。

ただし、リニューアルは単なる店舗の改装ではなく、私にとっては新たな挑戦ともいえる「つけ麺専門店」へのリニューアルでした。

当時は、すでに東京ではつけ麺がブームになっていて、大阪でも知り合いがつけ麺で大成功していました。

そこで、このつけ麺ブームは必ず徳島にもやってくるはずだとの経営判断から、大阪の知り合いのつけ麺のレシピをそのまま使わせてもらう形で、「三八製麺所はじめ」と名前も一新して、つけ麺文化への挑戦を試みたのです。

まだ徳島県内につけ麺専門店は1～2店舗しかないという状況で、さすがに、つけ麺だけで勝負するのはリスクが大きかったので、従来の豚骨しょうゆラーメンもメニューに載せていました。

ただ、徳島県民の県民性として、「新しいものは、一度は食べてみる」というのがあるため、リニューアルオープン当初はつけ麺がよく出ました。

つけ麺とラーメンの比率でいうと、6対4くらいでつけ麺のほうが多かったのです。

しかし、すべて好意的に受け入れられたわけではなく、初めて見るつけ麺に対して「これはうどんなのか?」「どうやって食べればいいんだ?」「スープが少ないぞ!」「麺が冷たいじゃないか!」などといった質問や批判があったことも事実です。

「初めてのものは試すけれども批判もする」というのも徳島県民の県民性なので、ある程度は予想していましたが、実際に批判にさらされてみて、ちょっと時期尚早だったかなと後悔したことも正直ありました。

じつは、徳島に大手ファミレスが進出した際、オープン間もなく4店舗中2店舗が同時期に月間売上全国ナンバー1と月間客数全国ナンバー1に輝いたこともあって、「これはいける!」と判断した本部が、一気に9店舗まで増やしたことがありました。

ところが、その数年後に残ったのは、わずか1店舗だけだったのです。

このことが頭をよぎり、嫌な予感がしたのですが、その予感が的中し、オープンから3年たった2017年の夏には、つけ麺とラーメンの比率は逆転。3対7までつけ麺の比率が下がってしまったのです。

そして、それに比例するように、売上もどんどん下がり続け、2017年夏にはオープン初月の売上の25%まで下がってしまったのでした。

ここまで売上が落ち込んだ原因は、徳島県民の県民性だけではありませんでした。

対策をとるべく、調査していると、麺のゆで時間は10分と決めていたにもかかわらず、忙しくなってくると、あらかじめゆでておいた麺を出すなど、必ずしもベストな状態で提供できていないことがわかりました。

そこで、いくら忙しくても、注文が入ってからゆで始めるようにして、ゆでたてを提供するようにしました。

また、味には自信があったので、一度ベストな状態のつけ麺を食べてもらえれば、必ずリピーターになってもらえるはずだという思いから、ワンコイン（５００円）のお試しキャンペーンを展開したりしました。

さらに、つけ麺の新しいメニューを開発するなどして、とにかくつけ麺の良さをわかってもらえるように努力してきました。

その甲斐あって、3対7まで落ち込んでいたつけ麺の比率が、２０１８年5月時点で5対5まで回復してきました。

同時に、売上も徐々に回復し、オープン初月の80％近くまで上昇しました。

社長になって以来、従業員とその家族の生活が、私の背中に乗っていると思うと、責任の重さに押しつぶされそうになることも何度もあります。

特に銀行からの借り入れの返済で会社の資金繰りが大変なことになり、お金がどんどんなくなっていくのを経験したときは、本当に怖くて仕方がありませんでした。

「こんなことなら毎月決まった給料がもらえるサラリーマンでいたほうが良かった」と思ったことも正直ありました。

このような恐怖は、社長であれば誰でも経験することでしょうし、この先もまた経験するかもしれませんが、一度、どん底を経験したことで、どうすればいいかがわかりましたので、今後はお金の件で恐怖を感じることはないと思います。

他にも、経営者としては色々悩みは尽きませんが、お客様が家族で楽しそうにラーメンを食べてくださっている姿を見ると、そんな悩みも吹っ飛びます。

特に、小さなお子さんが楽しそうにラーメンを食べている姿を見ると、この子たちの命を預かっているんだと感じ、今後も安全でおいしいラーメンを提供し続けていこうという気持ちになるのです。

7 「支那そば三八」が三代続いている理由

味への努力

これまで「支那そば三八」の歴史をかいつまんでお話ししてきましたが、1969年に祖父が創業して以来、約50年の長きにわたって地元の人たちに愛され続けてきた理由は、いったい何なのでしょうか?

私なりに分析すると、まず一番の理由は、やはり**ラーメンの味そのもの**でしょう。

前述したように、祖父がラーメン店をオープンしたときから、地元には豚骨しょうゆラーメンが普及しており、広く地元の人たちに支持されていました。

そこで、祖父はその味を大きく変えることなく、豚骨に鶏ガラを加えることでオリジナリティーを出しつつも、豚骨しょうゆラーメンからは大きく逸脱せずにやってきました。

それが地元の人たちに愛され、その愛された味を、二代目の父も、三代目の私も踏襲してきたことが良かったのだと思います。

もし、祖父がラーメン店を始めるとき、ライバルがいないからと、塩ラーメンや味噌ラーメンを選択していたら、おそらく三代続いていなかったのではないかと思います。

実際、徳島で塩ラーメンのお店や味噌ラーメンのお店が出店しては消えていったことを考えると、味の選択は長く愛されるための大きな要因といえるでしょう。


ただ、オーソドックスな味ですが、まったく同じものを同じ分量で出しているということはありません。たとえば、出汁でとっている材料が不作の年に仕入れ先が変わるということはあります。それによって、別のところで調整を行うなどバランスをとっているのです。

また、祖母や父が作っていたころは、かえしを目分量で入れていたと先に書きましたが、平均値を出したときにかえしとスープの割合は、ほぼ一定であることがわかりました。その中で、スープの火加減が季節によって違ったり、日々の積み重ねによる改良があって、現在につながっているのだと、途中から気づきました。

私自身も、祖母から教わったのが主にスープの作り方のみだったのですが、たとえば「麺おり（麺を箸で持ち上げ、三つに折ること）」は箸を器の底までつけるとか、スープとかえしを先に混ぜるとぬるくなってしまうので、先には混ぜない等、実際の行動の積み重ねで、味のおいしさを明文化していったところがあります。

今でも何年かに一度、作ったスープが、些細なところで何か違うと感じ、すべて捨ててしまうということもあります。ちょうど菌が繁殖する条件がうまくできてしまっているなどの要因によるのかもしれません。

また、**マニュアル化したといえど、作る人がどれだけのこだわりを持って作れるかが、重要**なのです。

たとえ細かいマニュアルがあっても、面倒くさい、眠い等ちょっとずつの手抜きが、マニュアルどおりにいかなくなる原因となります。例えば麺の先入れ先出しがわからなくなる、ちょっとした分量を間違えるなどで、結果、なんとなく味が落ちてしまうということにつながりかねないのです。

ラーメンがなるべく冷めないようにどんぶりを先に温める、持っていくスピードを考える、トッピングは脂が染み出してスープとなじむように、肉から先に置くなど、なぜそうするかという意味がある上でマニュアルが決められているので、決まったことを決められたとおりにやるというのが、まず最低限必要になります。

その上で、普段から意識を持つようにすることで、さらに麺の状態で、ゆで時間を調整するなど、ちょっとしたことに気づいていくようになるのだと思いますし、実際に各店舗の店長はそのように動いています。

つまり**マニュアルの上に、こだわりが必要**なのです。

小さな店こそ、「人」が大事

もう一つ、私の経験から考えられるとしたら、それはお客様が「支那そば三八」という「店」ではなく、そこで働く「人」についていたことだと思います。

祖父母の店には祖父母と話したくて、父の店には父と話したくてやってくる常連さんがたくさんいました。そして、その人たちに支えられてきたのです。

ところが、私が1号店を祖母から引き継いだときは、大手のファミレスのように、お客様には「人」ではなく「店」についてほしかったので、お客様との関係をなるべく希薄なものにしようとしました。

その結果が、売上の激減でした。

あのとき、自分の考えを変えずに、大手ファミレスの真似を続けていたとしたら、今ごろは「三代目が店を潰した」と言われていたかもしれません。

今、父も引退し、私が4店舗すべてを統括する立場ですが、1店舗のみ携わっていた祖父や父の時代と違うため、私が毎日すべての店に顔を出せるわけではありません。

だからこそ、私はニュースレターとブログでお客様とのコミュニケーションを図るようにし、それと同時に、各店舗では店長とスタッフがお客様とのコミュニケーションを重視した店舗運営を行うよう指導しています。

2号店は実際に父が怪我によって引退を余儀なくされたとき、しばらく私が責任者の立場で入りながら、新しい店長を雇って一緒にやっていきました。売上は少し下がったものの、思った以上には落ちませんでした。それも接客をしてくれているパートのおばさんにお客様がついていたからだと思います。また半年ほどで、少しずつ新しい店長にも人がついていくようになりました。

結局**「おいしさ」というのは、人、雰囲気、味へのこだわりすべてを総合して、感じるもの**だとわかったのです。

お客様に忘れられない店であること、外食をしようと考えたときに思い浮かべてもらえる店であること。

これから先も、「支那そば三八」がお客様に愛され続けていくかどうかは、ラーメンの味もさることながら、そこで働く「人」がカギを握っているのだと思います。

小さなお店こそ、「人」が大事なのです。

徳島ラーメンって?

皆様は徳島ラーメンをご存知でしょうか? 徳島ラーメンとは、その名のとおり、徳島県の（主に東部で発展していった）ご当地ラーメンを指します。

徳島ラーメンの特徴を述べますと、麺の種類は中細で、短め。一杯の量は、普通のラーメンよりやや少なく、100g程度が平均となっており、生麺でも120g程度です。これは、ご飯と食べてちょうどいいような分量で、徳島では必ず白米を出すラーメン店も少なくありません。

いわれは諸説ありますが、私は徳島ラーメンは、港の利用者が仕事の合間に、短時間で食べられるように発展していったと聞いています。実際に、麺をご飯の上に乗せて、かっこむというスタイルも多かったそうで、今もそのようにして食べる方もいらっしゃいます。

また徳島ラーメンは現在、スープの色で「茶系」「黄系」「白系」の3系統で認識されています。徳島ラーメンのもとのベースは豚骨しょうゆで、これは、徳島に日本ハム（の前身の会社）の工場が昭和17年からあり、その工場で使用されない廃棄予定の豚骨が安く手に入ったからだと言われています（今は日本ハムの工場ではなくなっています）。また、和歌山と近かったことから、和歌山ラーメンの文化も一部入ってきて、形成されていったという話も聞きます。

祖父がラーメン店を始めた１９６０年代は、ラーメン店は徳島県全体でも６軒ほどしかなかったそうです。今ではその数は２００軒を超えるまでに増えていますが、やはりほとんどの店が豚骨しょうゆラーメンをメインにしており、それが地元の味として定着しています。

徳島では、ラーメンと言わず、「中華そば」「そば」といった呼び方をしています。「そば、食べに行こう」というのが「ラーメンを食べに行こう」を指しています。ラーメンが日本でだんだん認識されるようになった明治中期ころは、地域にもよりますが、ラーメンは「支那そば」と呼ばれていました。「中華」も「支那」も中国を意味するものですが、当時は支那を差別用語的に使っていた意味合いもあり、30～40年前に「中華そば」がメインとなりました。古くからある店はそのまま「支那そば」を使っているところも多くあります。また最近は、支那そばという呼称も、差別とは離れて使われるようになりましたね。

第2章

田舎でラーメン店を開業するために

1 田舎でのラーメン店起業をすすめる理由

ラーメン店の現状

今、日本にはどれくらいのラーメン店があるか、ご存知ですか？

ＮＴＴのタウンページによると、ラーメン店として登録されている数は約２万８５００軒（２０１８年調べ）だそうです。

ちなみに、ラーメン店以外で日本人が家族でよく行く外食店の数を見てみると、

・そば・うどん店　約２万１５００軒
・焼肉店　約２万１０００軒
・お好み焼き屋　約１万１０００軒
・ハンバーガーショップ　約５０００軒

となっており、家族でよく行く飲食店の中ではラーメン店の数が圧倒的に多いのです。

では、なぜラーメン店がこんなにたくさんあるのでしょうか?

その理由は、大きく分けて3点あります。

1つ目は、**ラーメン店を始めるのに特別な資格や技術が必要ない**ことです。

調理師免許を持っていなくても、また調理師免許を持った人を雇わなくても、食品衛生責任者の資格さえあれば、ラーメン店を開業することができます。

また、ラーメン店の場合は居酒屋のように色々なメニューがあるわけではなく、せいぜいラーメンと餃子とチャーハンくらいなので、特別な調理技術も必要ありません。

つまり、素人でも開店のハードルがかなり低いのです。

2つ目は、**出店コストが他の飲食店に比べて安価**なことです。

詳しくは後ほど述べますが、ラーメン店の場合は他の飲食店に比べると出店コストが少額ですみます。極端な話、お店を持たずにイベントなどに出店する形で開業するなら、たった5万円からスタートすることもできますし、店舗でもカウンターだけの小さな店なら、300万円以下で開業することも可能なのです。

このように、金銭的なハードルが低いということも、ラーメン店の多さの大きな要因になっているといえるでしょう。

3つ目は、**ラーメンは国民食であるといっても過言ではないくらい、日本人に人気の食べ物だから**です。

ラーメン本も多数出版され、週に何度も通う人、行列を作る人たちも大勢いますし、ラーメンは子供からお年寄りまで幅広い年代に好まれています。

また、値段がリーズナブルなのも人気の理由といえます。

他の食べ物に比べてラーメンに対する需要が圧倒的に多い分、ラーメン店の数が多くてもやっていけるのです。

ラーメン店は不況に強い

ラーメン店は不況に強い業態といわれています。

これは先ほどお伝えしたように、客側としてはラーメンの値段が比較的リーズナブルであること、店側としてはラーメンの原価率が低いことや食材のロスが少ないことなどに起因しています。

都会のラーメン店の平均単価は８００円くらいで、田舎はそれよりも約２割安い６５０円程度です。この値段でお腹がいっぱいになるのですから、外食のコストパフォーマンスとしては良いほうだといえるでしょう。したがって、たとえ不況になったとしても、高級店に比べると、安価の牛丼やお弁当と同様に、ラーメンに対する支出は減らされにくいといえます。

原価率の面では、居酒屋の原価率は28～35％、イタリアン・フレンチは38～45％なのに対し、ラーメン店の平均的な原価率は30％といわれています。つまり、少し売上が下がったとしても、必要な利益額は確保しやすいというわけです。

食材のロスについても、たとえば、不況でお客様の数がいつもより減り、通常１日で使う麺やスープが残ってしまったとしても、麺は冷蔵庫に入れておけば１週間くらいは持ちますし、スープも冷凍保存しておくことができます。また、チャーシューや煮たまごなどの具材にしても、冷蔵庫に入れておけば２～３日は持ちます。

したがって、生ものを扱っている居酒屋等に比べると、せっかく仕入れた食材を廃棄処分にすることで損が出るケースが少ないため、利益が圧迫されることが少ないのです。

2 田舎のラーメン店が潰れにくい理由

もちろんラーメン店が、潰れないというわけではありません。

ただし、都会のラーメン店と田舎のラーメン店を比べると、ライバルの数から見ても都会のラーメン店のほうが圧倒的に潰れる確率が高いのです。

ちなみに、日本で一番ラーメン店の数が多いのは東京都で、約3300軒ものラーメン店がしのぎを削っています。

これだけライバルの数が多いと、当然、普通にやっていては生き残っていくことはできません。ラーメンの味はもちろん、メニュー開発や販促などについて、気を抜くとすぐにライバルにやられてしまうのです。

とはいえ、ライバルとの差別化を図るために流行を追いかけすぎてしまうのも得策とはいえません。特に、都会の場合は、流行り廃りのスピードが速いため、ブームが終わると急に客足が途絶えてしまい、次の手を打つ間もなく閉店に追い込まれてしまうということになるのです。

さらに、都会のラーメン店は従業員が雇いにくいため、人手不足になって、どうしても接客サービスのレベルが落ちてしまう傾向があります。

接客の良し悪しもお客様が離れていく大きな要因ですので、これも都会のラーメン店が潰れやすい理由の一つといえるでしょう。

もちろん田舎のラーメン店も絶対に潰れないとは言い切れませんが、都会のラーメン店に比べると、潰れにくいことは確かでしょう。他にも田舎のラーメン店が続きやすいのは、次のような理由があります。

①経費が安い

田舎では出店および店舗運営に関する費用が都会に比べて大幅に安くすみます。

家賃は場所によってですが、都会の10分の1くらいのところもありますし、人件費も田舎のほうが安いです。

ちなみに、平成29年10月1日現在の最低賃金は、最も高い東京が時給958円で、最も安い沖縄などが時給737円となっており、その差はなんと221円。

1日10時間働くアルバイトを1人雇った場合、1日に2210円、30日で6万6300円、1年（365日）で80万6650円もの差が出ることに。仕事内容はほぼ同じなのに、都会と田舎ではこんなに差がついてしまうのです。

さらに、食材も地元の農家さんから直接仕入れれば、安くできます。

水道光熱費については地域によって差がありますので、一概に田舎のほうが安いとはいえませんが、経費の大部分を占める家賃と人件費が安いことは、潰れにくい大きな要因といえるでしょう。

店長1人で店を経営した場合は、1日30人のお客様が来れば利益が出ることになります。1杯のラーメンが650円としても、1日30人で、約2万円の現金収入になります。水道光熱費や家賃等の経費を差し引いても1日1万円は残るので、1カ月の給料は30万円近くになるのです。物価の安い田舎で、1人で月に30万円稼げたら、十分生活していけるといえるでしょう。

②広告宣伝費にかける額が少なくてすむ

都会のラーメン店の場合、ライバル店がたくさんあるので、どうしても一見客の比率が高くなります。

したがって、いかに客を集めるかが、安定経営の大きなポイントになるわけですが、一見客を集め続けるには、大量にチラシを撒いたり、タウン誌やクーポンマガジンなどに広告を出したりして、多くの人に知ってもらわなければなりません。当然、それには広告宣伝費がたくさんかかります。ラーメンの原価率がいくら低くても、多額の広告宣伝費を使わなければ集客できないとしたら、利益が圧迫されて店にお金が残らなくなってしまいます。

ちなみに、都会で東京キー局のテレビに15秒間のＣＭを出す場合、テレビ局に支払うＣＭ放映料だけで1回につき40～80万円かかるのですが、これが田舎のローカルテレビであれば、15秒間のＣＭを1回につき2万円くらいで出すことができるのです。

また、田舎の場合はマスコミに取り上げられやすいということもあります。

都会ですとニュースがたくさんありますし、ライバルも多いので、普通のラーメン店がテレビや雑誌などのマスコミで取り上げられることは、よほどのことがない限りありません。

しかし田舎では、ニュースもラーメン店の数もそれほど多くないため、少し変わったことをするだけで、地元のマスコミに取り上げられる確率が上がるのです。しかも、記事としてであれば、お金は1円もかかりません。

実際、私の店では、地元の名産品であるレンコンを使ったレンコンチャーハンを開発したことで、地元の雑誌に取り上げられたことがありますし、地元の大谷焼のラーメンどんぶりを使ったことで、地元の新聞にも掲載されました。

また、地元のマスコミでは年に1～2回はラーメン店特集が組まれますので、そのときに紹介されることもあります。

さらに、イケメン店員特集や看板娘特集などで当店のスタッフが取り上げられて、間接的に店の宣伝になったこともありました。

マスコミで紹介されれば、当然、地元での認知度が上がりますので、新規のお客様が増えることになり、経営が安定していくことになるのです。

そのためにも、ニュースになりそうなネタがあれば、地元のマスコミに対してプレスリリースを送ったり、一度取材に来てくれた記者に直接連絡したりというように、こちらから積極的に情報発信していくことが重要といえるでしょう。

③固定客がつきやすい

いかにお客様を集めるかが、安定経営のポイントとお伝えしましたが、田舎ではラーメン店の数自体が少ないので、お客様は一度行って気に入ったら、離れにくくなります。実際、私の店は多くの常連客に支えられていますし、なかには1日に3回来てくださるお客様もいます。

ただし、たとえ田舎といえども、何もしないでファンが自然に増えていくことはありません。後ほど詳しく紹介しますが、ファンを増やす工夫は必要です。

3

どこで店を構えるか～出店したいエリアを検討する

田舎では学校の近くが狙い目

実際にラーメン店を開くために、まず重要になってくるのが**立地**です。

都会でラーメン店を出す場合の好立地といえば、なんといっても駅前ですが、田舎の場合は必ずしも駅前が良いとはいえません。

なぜなら、田舎は車社会なので、都会に比べると駅を利用する人がそれほど多くはないからです。

では、田舎でラーメン店を出す場合、どのような場所に出すのがいいのでしょうか？

まずは、あなたの地元で物件を探すことをおすすめします。なぜなら、地元にはあなたの友人や同級生をはじめ、あなたの知り合いがたくさんいるからです。

できれば、自分が通った中学校の学区内がいいでしょう。小学校の学区内だと少し狭すぎますし、高校だと少し広すぎるからです。

また、通勤のことを考えれば、自分の実家から車で20分以内のところがベストでしょう。そのエリアの中で、一番の狙い目は、中学校や高校の近くです。理由は、ラーメンは値段が手ごろなので、学生たちがたくさん食べに来てくれるからです。

実際、学校の近くのラーメン店をのぞいてみると、だいたいいつも学生でいっぱいになっています。学生が多いという意味では、中学生や高校生が通う学習塾の近くも狙い目といえます。

ですので、まずはあなたの実家から20分以内のエリア内にある中学校や高校、学習塾の近くの物件を探してみましょう。

自分と同じ年齢層の人が多いエリアがベター

住宅地でラーメン店を出す場合、そのエリアにどんな年齢層の人が多く住んでいるのかも、出店場所を決める際の重要なポイントになります。

その地域はお年寄りが多いのか？　子育て中の若いファミリーが多いのか？　20代の独身者が多いのか？

これらを調査した上で、できれば自分と同じ年齢層の人がたくさん住んでいる地域に出店するのがベターです。

なぜなら、年齢が近いということは、味の好みも近いことが多いからです。すなわち、自分の感覚で勝負できるということになります。

逆に、20代と60代のように、年齢が離れすぎていると、味の好みも変わってきますので、自分がおいしいと思ってもお客様には受け入れられないということが起こりうるのです。

また、田舎の場合はお客様とのコミュニケーションも大事になります。

その際、年齢が近いと話が合いますが、離れていると話が合わず、うまくコミュニケーションが取れないことになる可能性が高くなります。

したがって、もしあなたが20代であれば、20代の若者がたくさん住んでいる地域に、あなたが40代であれば、40代の人たちがたくさん住んでいる地域に出店するといいでしょう。

住人の年齢層の調査方法は簡単です。

自分の地元であれば、自分が出店したいと思う地域にどんな人が住んでいるかはだいたいわかるでしょうし、その地域に知り合いがいる場合はその人に聞けばわかるでしょう。

また、実際に地域を歩き回って、どのような人たちが生活しているかを知ることも有効です。

出店をおすすめしない地域の共通例

田舎で物件探しをする際に、最初から候補から外しておいたほうがいい場所がいくつかありますので、ここで紹介しておきたいと思います。

1つ目は、**お店の隣が田んぼや畑になっている場所**です。田舎の場合は、こういう物件が多いので注意が必要です。

なぜ、隣が田んぼや畑だとダメなのかというと、田んぼや畑にはゴキブリやネズミがたくさんいるため、店に侵入してくる確率が高いからです。

お店をオープンしたら、当然ですが、害虫対策は必ずしなければなりません。

ただし、定期的に害虫対策をしていたとしても、外から侵入してくる害虫を完全にシャットアウトすることはできません。

ですので、お店の周りに害虫がたくさんいる環境は、最初から避けておいたほうがいいのです。

2つ目は、**大雨が降った場合に浸水するような場所**です。

こういう場所に知らずに出店してしまうと、大雨が降るたびにビクビクしなければならなくなります。じつは、私が経営する店の1つが低い場所にあるため、台風が来るたびにヒヤヒヤしながら、入口のところに土嚢を置いたりして浸水対策をしています。

このような場所を避けるためには、事前に不動産屋に聞いたり、近所の人に聞いておくことです。

役所によっては洪水ハザードマップを作成しているところもありますので、確認してみるのもいいでしょう。

3つ目は、**駐車場がとめにくい物件**です。

田舎の場合、駐車場は必須で、1台当たりのスペースを広めにとったほうがいいのですが（詳しくはレイアウトの項目で）、もう1点注意すべき点があります。それは、駐車場が交通量の多い幹線道路に面していて、とめるのに苦労するような物件は避けたほうがいいということです。

たとえば、お店と幹線道路の間に2～3台分の駐車スペースがあるような場合、交通量が多いとバックで入れるのが難しくなりますし、かといって頭から突っ込んでとめると、今度は出すときに苦労することになります。

幹線道路から一本入った交通量の少ない場所であれば、このようなタイプの駐車場でもかまわないのですが、交通量の多い場所ではこのような物件はお客様が敬遠しがちですので、できれば候補から外したほうがいいでしょう。

4 候補地域が決まったら、ライバル店の調査を！

ラーメン店を開業する候補の地域が決まったら、ライバル店や近隣のお店の調査をするようにしましょう。

これをしないで開業してしまうと、後で「こんなはずじゃなかった！」ということになりかねませんので、必ず近くにラーメン店がある場合は、調査を行うようにしてください。外から見ているだけではわかりませんので、実際にお店に入ってラーメンを食べてみることです。次にあげる5項目をチェックしましょう。

①1日の売上はどれくらいか？

ライバル店の売上をチェックする目的は、この地域で自分がお店を開いたときに、どれくらいの売上が見込めるのかを知るためです。

仮に、その店の売上が思いのほか低かった場合は、その地域での出店を考え直さなければいけないかもしれませんので、必ずチェックしましょう。

1日の売上は「平均単価×1日の客数」で算出できるわけですが、1日中その店にいて客数をチェックするわけにはいきませんので、まずはピーク時の状況をチェックしましょう。そうすればだいたいの予測はできます。

たとえば、お昼のピーク時に席数10席のお店に7人のお客様がいたとします。

メニューから類推して客単価が700円くらいだとしたら、7人×700円で4900円。

そして、ピーク時はだいたい3回転くらいするので、ピーク時1時間の売上は4900円×3回転で1万4700円。さらに、その前後1時間はだいたいピーク時の半分くらいなので、前後の1時間の売上7350円ずつを合わせて、前後2時間で1万4700円。

これらを足すと、11時から14時までの売上は2万9400円で、昼間の売上は約3万円と推測されるわけです。

夜も同じくらいの売上とすれば、1日の売上は約6万円。そして、仮に平日も休日も同じとした場合、1カ月に25日営業するとしたら、1カ月の売上は6万円×25日で150万円となるわけです。

可能であれば、お昼のピーク時と夜のピーク時の2回、さらにそれを平日と休日の2日、合計4回チェックしに行けば、かなり正確に予測することができるでしょう。

②客層はどうか？

ライバルの売上調査に行った際、同時にチェックしておきたいのが、お客様の年齢層です。

これは前述したように、自分と同じ年齢層のお客様が多いかどうかを、実際に自分の目で見て確かめるためです。

実際にライバル店に入ってみて、予想どおり自分と同じ年齢層のお客様が多かった場合はそれでＯＫです。

しかし、万一、予想と違った場合は、時間帯や曜日を変えて何度か行ってみて、それでも年齢層が違っていた場合は、候補から外すことも考えたほうがいいでしょう。

お店に置いてある雑誌やマンガを見れば、お客様の年齢層をある程度類推できますので、こちらもチェックしておきたいところです。

③ラーメンの味はどうか？

ライバル店の調査で重要なのが、ラーメンの味のチェックです。

自分の好みで注文するのではなく、必ずその店で一番人気のラーメンを注文し、自分の舌で味を確かめてください。

・スープは何ベースなのか？

・麺はどうか?
・具材は何か?
これらをチェックし、自分のお店のラーメンを考える際の参考にしましょう。

都会のラーメン激戦区であれば、他店との差別化を意識する必要がありますが、田舎の場合は、あまり奇をてらったものは受け入れられません。

そのエリアのラーメン店を何店か調査してみて、豚骨スープのお店が多いようであれば豚骨スープに、太麺のお店が多いようであれば太麺にするのがいいでしょう。

なかには、他店との差別化ということで、豚骨スープの多い地域に、あえて味噌ラーメンのお店を出す人がいます。これは一時的には繁盛するかもしれませんが、10年、20年、30年という長いスパンで見た場合、淘汰されていくことが多いのです。

実際、私の地元・徳島は豚骨しょうゆのお店が多い中で、味噌ラーメンのお店が何軒か出たことがありましたが、長く続いているお店は数えるほどしかありません。

④メニューはどうか?

ラーメンの種類やサイドメニュー、ランチメニュー、ドリンクメニューなど、ライバル店のメニューと値段は必ずチェックしましょう。

1人もしくは少人数でお店を運営する場合、あまりメニューを増やしすぎると、オーダーに対応できなくなる可能性があるので、ライバル店に色々なメニューがあるからといって、同じように対抗する必要はありません。

あくまでライバル店のメニューは参考程度にとどめ、最終的には自分のお店の規模に合ったメニューを考えましょう。

⑤スタッフの接客レベルはどうか？

ライバル店に差をつける上で重要なのが、スタッフの接客レベルです。ラーメンの味も重要ですが、スタッフの接客レベルも、お客様が定着するか、離れていくかの重要な要素になりますので、ライバル店の接客レベルがどれくらいなのかを、よくチェックしておきましょう。

チェックポイントは次のとおりです。

・入店時と退店時の店員の挨拶はどうか？

□入店時、お客様のほうを見て「いらっしゃいませ」と言っている
□退店時、お客様の背中に向かって「ありがとうございました」と言っている

□1人が挨拶した後、他のスタッフが声を揃えて一斉に挨拶している（やまびこ）
□駐車場まで聞こえるような大きな声で言っている

・オーダーを聞くときや料理を出すときの態度はどうか？

□お客様の顔を見てオーダーを聞いている
□ラーメンどんぶりを片手ではなく両手でしっかり持って出している
□スタッフがお客様の目の前まできちんと置いている（テーブルの端にまとめて置かない）

・料理が出てくるまでの時間は？

□遅くとも10分以内にラーメンが出てくる

・トイレはキレイか？

□1時間おきにチェック&掃除している
□便器の周りの床もキレイになっている（濡れていない）

・お店の雰囲気はフレンドリーな感じかどうか？

□スタッフが楽しそうに笑顔で働いている
□スタッフがお客様に声掛けをしている
□スタッフがお客様と楽しそうに話している（他のお客様への目配りもできている）

・ライバル店の席数は何席か？（　　席）
・ピーク時にスタッフ何人で回しているのか？（　　人）

田舎のお客様は、都会のお客様よりも居心地の良さを重視する傾向が強いといえますので、ライバル店のスタッフの接客レベルを超える接客を目指すようにしましょう。

近隣の飲食店やコンビニなどの調査も忘れずに

ライバルとなる近隣のラーメン店以外にも、調査しておきたいお店があります。
それは次のようなお店です。

①定食屋
②喫茶店

③居酒屋
④コンビニ
⑤スーパー

「定食屋はまだしも、喫茶店や居酒屋はライバルになりそうもないので調査する必要はないのでは？」と思った人もいるかもしれません。

しかし、昔から続いているような定食屋、喫茶店、居酒屋には、必ず続いている理由がありますので、その理由を探るためにも調査しておいたほうがいいのです。

そのお店が長年お客様から支持され続けている理由は、たとえば料理のボリュームの多さの場合もあるでしょうし、値段の安さが要因ということもあるでしょう。お店のくつろげる雰囲気によるものだったり、オーナーやスタッフの接客がすごくいいからかもしれません。

このようなことを自分の目で確かめた上で、自店のメニュー開発や接客などに活かすようにすると、成功する確率が上がります。

コンビニやスーパーでは、お弁当やお惣菜コーナーをチェックしましょう。

どのようなお弁当やお惣菜が売れ筋なのかがわかれば、メニュー開発のヒントになりますので、こちらもチェックしておきましょう。

5 営業時間や定休日の決め方

営業時間や定休日については、当たり前ですが、自己都合で考えるのではなく、お店の立地に合ったものにすることが重要です。

自己都合とは、「自分は夜型だから夜遅くまで営業しよう」とか、「土日は休みたいから土日休みにする」といったものです。

このような考え方で営業時間や定休日を設定すると、失敗する可能性が高くなります。というか、ほぼ失敗します。なぜなら、その地域のお客様のニーズとズレるからです。

では、どのような基準で決めるのがいいのでしょうか？

最優先すべきは、**お店の近くのお客様の生活スタイルに合ったもの**にすることです。

田舎も都会も、朝食にラーメンを食べる人はほとんどいませんので、開店時間は11時くらいでいいと思います。当店も11時開店です。

問題は夜何時まで営業するかということですが、当店の場合はお店の場所が田舎の郊外なので、閉店時間は21時にしています（1店舗だけは22時閉店）。

都会の生活に慣れた人にとっては、「21時で閉めるのは早いのでは？」と思うかもしれませんが、田舎の郊外の場合はこれくらいでちょうどいいのです。

実際、当店の時間帯別の売上を見ても、11時から14時までのランチタイムの3時間で、1日の売上の50～60％を稼ぎ出しています。

つまり、夜は昼間ほどお客様が来ないということです。

しかも、22時以降はパート・アルバイトの時給を25％増にしなければならないと法律で定められていますので、通常の時給が８００円だとすると一気に１０００円に跳ね上がってしまいます。

かといって、ラーメン店がファミリーレストランのように深夜料金を取ることはできませんので、時給が上がった分だけ利益が圧迫されてしまいます。

ただし同じ田舎でも、駅前の飲み屋さんがたくさんある繁華街のような場所だと、21時以降もお客様は締めのラーメンを食べに来るでしょうから、そういう立地の場合は24時まで営業したほうがいいといえます。

パート・アルバイトの時給は上げなければいけなくなりますが、それでもお客様がたくさん来れば儲かりますので、お店を開けたほうがいいでしょう。

定休日についても考え方は同じで、できるだけお客様が少ない日を定休日にすることです。田舎の郊外の場合は、土日は家族連れのお客様が多いので、定休日を設けるなら平日のほうがいいでしょう。

ちなみに、当店の場合は火曜日を定休日にしています。

一方、田舎の駅前の繁華街の場合は、平日よりも土日のほうがお客様が少ないところが多いので、そのような場合は土日のどちらかを定休日にするといいと思います。

6 開業に必要な手続き

ラーメン店を開業するために必要な3つの手続き

ラーメン店を開業する場合、次のような手続きが必要になります。

①飲食店営業許可申請（保健所）
②防火対象物使用開始届（消防署）
③個人事業開業届（税務署）

これらのうち、店舗型のラーメン店で必ず必要になるのは、

①飲食店営業許可申請
②防火対象物使用開始届

の2つです（屋台で営業する場合やイベントに出店する場合は、市役所に対して露店営業

許可申請が必要になります)。

③の**個人事業開業届**は、会社ではなく個人事業主として開業する場合に必要で、開業後1カ月以内に税務署に提出しなければなりません。

飲食店営業許可を取るために必要な3つの条件

ラーメン店の開業に必要な手続きの中で最もハードルが高いのが、飲食店営業許可の取得です。

なぜなら、単に書類を提出すればOKというわけではなく、必要な設備がきちんと備わっているかどうかを実際に保健所の職員がチェックに来て、不備があれば許可が下りないからです。

飲食店営業許可を取るためには、次の3つの条件をすべてクリアする必要があります。

①専任の食品衛生責任者がいること
②申請者が欠格事由に該当しないこと
③必要な設備がすべて揃っていること

1つ目の食品衛生責任者とは食品の衛生管理を行う人のことで、飲食店を開業する場合はこの資格を持った人を置かなければいけないことになっています。

これは店舗ごとに1人必要で、2号店を出すような場合は、1人の有資格者が1号店と2号店の食品衛生責任者を兼任することはできません。ですので1号店とは別の有資格者を置くことが必要になります。

食品衛生責任者の資格は、各都道府県に設置されている食品衛生協会が実施している合計6時間の講習を受講すれば取得することができます。受講料は1万円程度です。講習は毎月開催している都道府県が多いようですが、定員オーバーになることもあるようですので、事前に都道府県の食品衛生協会に講習会の日程と空席状況を確認しておいたほうがいいでしょう。

なお、調理師や栄養士等の資格を持っている人は、講習を受けなくても食品衛生責任者になることができます。

2つ目の欠格事由とは、「食品衛生法に関して処分を受けていること」と、「営業許可を取り消されて2年が経っていないこと」です。

申請者がこのどれかに該当する場合は、許可を取得することができません。また、個人でなく法人で許可申請する場合は、役員のうち1人でも欠格事由に該当する人がいれば、許可を取得することができないので注意が必要です。

3つ目の必要な設備については、保健所によって若干の違いがありますが、だいたい次のような設備が必要になります。

□厨房に2層シンクが設置されていること
□厨房の床が清掃しやすい構造になっていること
□厨房内とトイレ内にそれぞれ手洗器が設置されていること
□手洗器に設置されている消毒器が固定式であること
□厨房と客室が扉等で区分されていること
□厨房内に冷蔵庫等の設備が収まっていること
□冷蔵庫に温度計が設置されていること
□厨房内に蓋付きのゴミ箱があること
□食器棚に戸がついていること

これらのチェックをクリアするためには、**内装工事に着手する前に、店舗の図面を持って**

保健所の担当窓口に事前相談に行くことです。内装工事が完了してしまってから、やり直すことになったら、時間もお金も余計にかかってしまうからです。

その点、居抜き物件（110ページ参照）ならそのまま許可が取れると思う人もいるかもしれませんが、そのままでは許可が出ないことがあります。

というのは、前のオーナーが営業開始後に厨房内の手洗器を外してしまったり、厨房と客室の間の扉を外してしまったりしているケースがあるからです。

したがって、居抜き物件だからといって安心せず、保健所に事前相談に行っておいたほうが無難です。

保健所の検査は、申請の翌日に実施されることもあれば2週間後になることもありますので、オープン予定日が決まっている場合は余裕をもって早めに申請したほうがいいでしょう。

また、検査に合格してから営業許可証が発行されるまでの期間は1週間程度が一般的ですが、保健所によって日数が違うようですので、事前に確認しておくことをおすすめします。

飲食店営業許可の申請書類は自分で作ることも可能

飲食店営業許可申請に必要な書類は、次の5つです。

①飲食店営業許可申請書
②営業設備の大要（お店の設備やお店の構造について記載する書類）
③平面図（お店の厨房機器や客室のテーブルの配置などを記した平面図）
④見取図（お店の場所を示す地図）
⑤食品衛生責任者の資格を有することを証するもの（食品衛生責任者手帳）

このうち①と②は保健所に行けばもらえますし、インターネット上で公開している保健所もありますので、最寄りの保健所に確認してみてください。
③の平面図は、定規を使って手書きしたものでもOKですし、パソコンで作成したものでもOKです。お店の入口、客席のテーブルと椅子、カウンター、トイレ、手洗器、シンク、厨房機器の位置などを書きます。
④の見取図は、保健所の担当者がお店に来るために必要なものなので、手書きでも地図のコピーに印をつけたものでもかまいません。
⑤の食品衛生責任者の資格を有することを証するものは、食品衛生責任者手帳を見せればOKです。
なお、これらの他に、申請者が法人の場合は「登記事項証明書」が必要になります。履歴

飲食店営業許可申請書（例）

調査日	月　日
備　考	

平成　年　月　日
手数料　円領収済　扱者

様式第３号（第14条関係）

営業許可申請書

年　月　日

（宛先）●●市保健所長

郵便番号

住所
（法人にあっては、その主たる事務所の所在地）

申請者　氏名《フリガナ》
（法人にあっては、その名称及び代表者の氏名）

年　月　日生

電話

食品衛生法第52条第１項の規定により、次のとおり申請します。

営業所の所在地	電話
営業所の名称等	（フリガナ）
営業設備の大要	別紙のとおり

	営業の種類	手数料	受付番号	備考
1	業(　)			
2	業(　)			
3	業(　)			
4	業(　)			
5	業(　)			

申請者の欠格事項	(1)　食品衛生法又はこの法律に基づく処分に違反して刑に処せられ、その執行を終わり、又は執行を受けることがなくなった日から起算して２年を経過しないこと。	有（内容） 無
	(2)　食品衛生法第54条から第56条までの規定により許可を取り消され、その取消しの日から起算して２年を経過しないこと。	有（内容） 無

（注）
1　申請年月日、住所、氏名、生年月日、電話及び太線枠内のみを記入してください。
2　申請者の欠格事項の欄は、法人にあってはその業務を行う役員も含むものとします。

平成　年　月　日　起案		平成　年　月　日　決裁			受付印欄
許可に関する意見	課長	課長補佐兼係長	副主幹	主任主事	
	主任		係	起案	

営業の種類	
営業設備の大要	設備全体 面積
建物の構造	1　鉄骨 3　木造
使用水の種類	1　上水 5　井
食品衛生責任者 （受講予定者） 生年月日	（フリガナ） 年

従業員数	
所属組合	

食品衛生監視員氏名	
不適事項	

査定項目		
建物	鉄骨ま	
天井・内壁	コンク	
天井の構造	パイプ	
床・腰張り	コンクリート、モルタル、タイル、ステンレス等耐蝕性金属材	
内壁・床の構造	内壁と床の接合がR構造　腰壁がある場合には、接合上部が45度以下の取り付け構造	
空調設備	機械による室温管理	
洗浄設備	コンクリート、タイル、陶製、ステンレス等耐蝕性金属材で、かつ、温湯供給されるもの	
保管設備	コンクリート、石材、ブロック、焼瓦、ステンレス等耐蝕性金属材	
冷蔵・冷凍設備	コンクリート、モルタル、タイル、ステンレス等耐蝕性金属材、合成樹脂材で機械式	
製造・加工・調理設備	コンクリート、モルタル、タイル、ステンレス等耐蝕性金属材	
給水	水道法による水道水	
便所	水洗式で、かつ、従業員専用の便所を備えたもの	
査定結果	該当項目数	項目
	許可の有効期間	年

許可番号 許可年月日	静保食第　号 平成　年　月　日	特殊期限	0　通常の許可期限である 1　特殊な許可期限である
許可期限	平成　年　月　日		
許可条件			

地方自治体によって、様式が異なります。ホームページからダウンロード可能。記入例も掲載されています。

事項全部証明書を取得しておきましょう。

また、お店で使用する水が水道水ではなく、貯水槽から引かれているような場合は、1年以内に発行された「水質検査成績書」が必要になります。建物の管理会社か大家さんに言えば出してもらえるはずです。


これらの申請書類はそれほど難しいものではないので、自分で作成することも十分可能ですが、不安な場合は行政書士に頼むといいでしょう。

また郵送ではなく、保健所に持参しなくてはいけませんが、その際、申請手数料が1万6000～1万9000円必要になります（保健所によって異なる）。

防火対象物使用開始届は使用開始日の7日前までに提出

ラーメン店を開業する場合、飲食店営業許可申請と並んで必ず行わなければいけないのが、防火対象物使用開始届の提出です。

戸建ての店舗を借りる場合でも、商業ビルにテナントとして入る場合でも提出が必要になります。

提出先はお店がある地域を管轄する消防署で、建物の使用を開始する7日前までに、所在地、用途、収容人員などの必要事項を記載した防火対象物使用開始届出書を提出する必要があります。

他にも、店舗の案内図、消火器や避難器具などの配置図等も必要です。

なお、申請料は1万6000円程度です。

また、建物の収容人数が30人（30席）を超える場合は、防火管理者を置く必要があります。

防火管理者とは、火災による被害を防止するため、防火管理に係る消防計画を作成し、防火管理上必要な業務を計画的に行う責任者のことです。

防火管理者には甲種と乙種の2種類がありますが、延べ面積が300㎡未満のお店であれば乙種で大丈夫で、乙種の場合は1日（約5時間）の講習を受講すれば資格を取得できます。

防火対象物使用開始届出書（例）

様式第2号（第3条関係）

防火対象物使用開始届出書

（表）

年　月　日 （宛先） ●●市消防長 届出者 住　所　　（電話　番） 氏　名　㊞					
所　在　地		電話	（　）		
名　称		主要用途			
建築確認年月日		建築確認番号	第　号		
※ 消防同意年月日		※ 消防同意番号	第　号		
工事着手年月日		工事完了（予定）年月日		使用開始（予定）年月日	
他の法令による許認可の概要					
防火地域の区分	防火・準防火・指定なし	用途地域の区分			
敷地面積	㎡	建築面積	㎡	延面積 ㎡	最高の高さ m
従業員数		公開時間又は従業時間			
屋外消火栓、動力消防ポンプ、消防用水の概要					
その他必要な事項					
※受　付　欄	※　経　過　欄				
	＊　防火対象物使用開始検査実施年月日　年　月　日				

防火対象物棟別概要（第　号）		
	用　途	
	階段数	屋
	種別／階別	床
	階	
	階	
	階	
	階	
	階	
	階	
	階	
	計	

備考

1　この用紙の大きさは、日本工業規格A4とする。

2　同一敷地内に2以上の棟がある場合には、棟ごとに「第1号様式防火対象物棟別概要追加書類」に必要な事項を記入して添付すること。

3　法人にあってはその名称、代表者氏名、主たる事務所の所在地を記入すること。

4　建築面積及び延面積の欄は同一敷地内に2以上に棟がある場合にはそれぞれの合計を記入すること。

5　消防用設備等の概要欄には、屋外消火栓、動力消防ポンプ及び消防用水以外の消防用設備等の概要を記入すること。

6　※印の欄は記入しないこと。

7　防火対象物の配置図、各階平面図及び消防用設備等の設計図書（消火器具、避難器具の配置図を含む）を添付すること。

地方自治体によって、様式が異なります。ホームページからダウンロード可能。記入例も掲載されています。

事業計画と借入先探し

いくら他の業種に比べて費用が安くすむといっても、起業となると、それなりの開業資金と、当初の運転資金が必要になります。自己資金がいくらあるか、店を借りる、工事をする、自分の給料の確保、人を雇う場合はその給料等、オープンしてからのシミュレーションを立てておく必要があります。

計画を立てることによって、おのずとどこにいくらぐらいのお金を割けられるかが、決まってくるでしょう。

資金が足りない場合、お金を借りる必要が生じます。そのときに借り先の候補としてあげられるのは親、兄弟、知人等、もしくは金融機関からの2パターンとなります。

私がおすすめしたいのは、まずは、金融機関からの借り入れです。親や、特に兄弟・知人からの借り入れは、気を付けないと関係性を崩しかねないのと、いざ金融機関から借りられない事態に陥ったときの最終手段ととらえておいたほうがいいからです。また親兄弟から借りるときでも、返済期限、利息を決めて書面にしてやりとりをするべきです。無期限・無利息はおすすめしません。

一方、金融機関からの借り入れですが、主な候補としては①銀行②信用保証協会③日本政策金融公庫の3カ所があり、借りやすさは③→②→①の順番となります。銀行は起業するばかりの人が担保もなく借りるのは、かなり難しいと思われますが、綿密な事業計画書を作成して、窓口に行ってみるのもいいでしょう。というのは、それぞれの枠での借り入れがいっぱいになり、別のところに資金を追加で借りる必要が出た際に、より審査がおりやすい機関の枠が空いていたほうが、資金を借りられる可能性が高くなるからです。利息も3つの中では安くすみます。

②の信用保証協会は、融資機関ではなく保証機関で、47都道府県と4市（横浜市、川崎市、名古屋市、岐阜市）にあります。

会社が銀行から融資を受ける際に、信用保証協会が保証人になることによって、無担保であっても、融資が受けられる場合があるのです。会社が返済できなくなったときは、保証協会が銀行に残債を返済し、債権者が保証協会に変わります。

銀行の利息以外に、保証利用に際して信用保証料がかかりますが、相談の段階では費用はかかりません。

そして、３つの中で一番融資を受けやすいのが、③の日本政策金融公庫です。日本政策金融公庫は１００％政府出資の政策金融機関となり、創業支援のための融資制度も豊富で、たとえば新企業育成貸し付けでは７２００万まで融資が受けられ、返済期間も運転資金が７年以内、設備資金が20年以内となっています（２０１８年7月時点）。金利は銀行よりも少し高めになりますが、信用保証協会を利用する場合に比べると安くなるはずです。

実際は起業したばかりの会社は、この日本政策金融公庫で借りるパターンが一番多いでしょう。

開業についての情報収集は、もちろん本やインターネットからもできますし、商工会議所で無料相談やセミナーなどが開催されていたり、日本政策金融公庫のホームページ（https://www.jfc.go.jp/）から、創業計画書、月別収支計画書、事業計画書等の書類もダウンロードできるようになっています。

いずれにせよ、初めから無理をしすぎるのはおすすめできませんので、余裕をもった計画を練りましょう。

第3章

店舗づくり

1

物件を探す

居抜きとスケルトン

ラーメン店をスタートさせるために、どう店を構えるか。

更地を購入し、店を一から建てようとするケースは、その負担の大きさを考えると、ほとんどの方にとって非現実的でしょう。そうなるとどこかの店舗を借りるのが一般的ですが、その際に候補としてあげられるのが、「スケルトン」と「居抜き」になります。

私がおすすめしたいのは、居抜き物件です。

居抜き物件とは、前の借り主がそこで営業していた飲食店の内装や厨房機器などをそのまま引き継ぐことができる物件のことです。

前の借り主がラーメン店を営んでいたのであれば、設備をそっくり使える可能性が高くなりますので、内装工事費や厨房機器の購入費用を低く抑えることができるのです。また、内装工事が不要の場合、開業までの期間を大幅に短縮することもできます。

仮に、すべてそのまま使えれば、開業資金は店舗を借りるための保証金等の物件取得費と、食器等の備品購入費くらいで、トータル100万円以下ですむケースもあるでしょう。ただし、現実にはすべてをタダでもらえるケースは少なく、前の借り主と交渉して買取価格を決めることになります。

居抜き物件を借りたい場合は、不動産屋に「居抜き物件希望」と言えば紹介してくれます。また最近は、「居抜き店舗.com」のような居抜き物件をインターネットで探すことができるサイトもありますので、そちらを活用してみるのもいいでしょう。

もう一方のスケルトン物件とは、建物の箱だけがあり、基本は天井や床、壁などはコンクリート打ちっぱなしの状態のものをいいます。スケルトン物件のメリットとしては、なんといっても自分好みの店づくりができるということです。

ただし内装・設備・インフラの引き込みなど、あらゆることを必要とするため、スケルトン状態の物件を借りて、内装工事と外装工事を行い、厨房設備などを新たに揃えるとなると、工事内容によっては、1000万円近くかかる場合もあります。そこに、賃貸費用もかかるので、トータルの開業負担が1600万から2000万程度かかることも少なくありません。また、開店までの工事期間も、物件を契約してから2～3カ月はみておいたほうがいいでしょう。

居抜き物件を借りる場合は、設備に不具合がないかチェックを！

居抜き物件を借りれば、安く、そして早く開業できるというメリットがあるわけですが、デメリットもいくつかあります。

1つ目は、**引き継いだ設備を実際に使ってみたら、不具合が出る場合がある**ことです。

設備は、新品を購入した場合は保証書がついており、故障したとしても保証期間内であれば無償で修理してもらうことができます。しかし、中古の場合は、保証書がなかったり、保証期間が切れたりしていて、修理が必要な場合に、修理代が高くついてしまうことがあります。

それでも修理で直ればまだいいほうで、できない場合は、新たに購入しなければいけなくなりますし、壊れたものを処分する費用がかかってしまうこともあるのです。

したがって、居抜き物件を借りる場合は、設備がきちんと動くかどうか、事前にしっかりチェックしておく必要があるでしょう。

2つ目は、**店内のレイアウトを変えるのが難しい**ということです。

居抜き物件の場合は、厨房、客席、トイレ、レジ、エアコンの位置などを大きく変更することができませんし、厨房内の冷蔵庫の位置や流し台の位置でさえ、変更できない場合がほとんどです。

したがって、「自分はこんなお店にしたい」というイメージを強く持っていた場合は、妥協を強いられることになりますので、その覚悟が必要でしょう。

3つ目のデメリットは、**前に入っていたお店のイメージを引きずる恐れがある**ことです。

居抜きの場合、外観も内装も前のお店と変わらなければ、お客様は店が変わったことに気づきません。そうなると、前のお店の評判が悪かった場合、その影響を受けてしまい、客足が鈍ってしまうことにもなりかねないのです。

したがって、まずは前のお店が退去した理由をきちんと把握しておきましょう。

その上で、前のお店のイメージを引きずりたくない場合は、外観を変えたり、看板を大きく目立つようにしたりして、店が変わったことをアピールする必要があるでしょう。

2 店内のレイアウトを考える

ここからは、田舎のラーメン店として、実際にどのように店舗を作っていけばいいかをみていきましょう。スケルトンから店を作るための項目もありますが、居抜きを考える場合でも、物件を探す際に、注意点をクリアしているかどうかを参考にしながら見ていくことをおすすめします。

客席のレイアウトは通路を広めにとる

都会のラーメン店の中には通路が狭かったり、隣のテーブルとの距離が近かったりというように、十分な通路が確保されていないお店がたくさんあります。

都会の場合は、お店そのものが狭いため、ある意味仕方のない面もあるでしょう。お客様も狭いのを承知の上で入っています。

しかし、田舎の場合は都会のような狭い店はほとんどありません。また、家族連れでの利用が多く、なかにはベビーカーのお客様や車イスのお客様もやって来ます。

ですので、**客席のレイアウトを考える場合は、ベビーカーや車イスでも入れるくらいの広さを確保しておく必要がある**のです。

バリアフリーにしたり、トイレを広めにしたりといった工夫も必要になります。

また、店内のレイアウトは**動線を考えて設計する**ことも重要です。

これについては、スタッフが無駄なく、効率的に動けるような動線を考えることはもちろん、お客様が店内をスムーズに動ける動線も考慮して設計する必要があります。

あるラーメン店では、レジが店の奥にあるため、食事を終えたお客様がレジに向かう際、ラーメンを運ぶ店員とすれ違うことになります。また、お客様がお金を払って出ていこうとすると、今度は新たに入ってきたお客様とすれ違うことになり、店内が渋滞してしまうのです。

このようなことがないよう、店内のレイアウトを考える場合は、席を少なくしてでも、スタッフとお客様の動線を意識した設計をするようにしましょう。

田舎のラーメン店はテーブル席が必須！

都会のラーメン店の中にはカウンターだけのお店がたくさんありますが、田舎でラーメン店を開業する場合は、**テーブル席がある店にする**ことをおすすめします。

なぜなら、田舎の場合は、家族で来るお客様が多いからです。カウンターだけの店は、家族連れに敬遠されます。

可能であれば、6～8人グループに対応できるのがベストなので、最低でも4人がけのテーブル席が2つ以上あったほうがいいでしょう。

ちなみに、当社の田宮店の場合は、ファミリーレストランのソファー席のような、ゆったりサイズのテーブル席を2つ用意しています。

これだと小学生くらいの子供なら1列に3人並んで座ることができますので、両親と子供3人のファミリーが来た場合でも、1つのテーブル席で対応することができます。それ以上の人数のグループの場合は、テーブルの脇に椅子を置いて対応しています。

テーブルやカウンターの素材については、表面が撥水加工してあるものにすることをおすすめします。テーブルの上にスープがこぼれたりしたときに、吸い込んでしまうような素材の場合は、跡がついたり、腐食の原因になってしまうからです。

テーブルや椅子の色は、お店の雰囲気に合わせればいいと思いますが、テーブル席のソファーの足元やカウンター席の椅子の足は、お客様の靴ですぐに汚れてしまいますので、黒っぽい色にして、汚れが目立たないようにしておいたほうがいいでしょう。

椅子は、見た目のデザインよりも頑丈なものを選ぶことが重要です。特に細いパイプの4本足の椅子だと、体重の重い大きな男性が座ったときに壊れてしまうことがあるからです。


あと、都会のラーメン店の中には漫画本をたくさん置いてある店がありますが、田舎の場合はそれにプラスして、小さなお子さん連れの家族が来ることが多いので、絵本やお絵かきセットがあると喜ばれます。

おいしさ・安全性・効率を満たす厨房をつくる

厨房のレイアウトを決めるときに注意する点は、**おいしさ・安全性・効率を満たす**ことです。

まずおいしさの面では、火力の近くに麺を置かないように気を付けましょう。ゆで麺機などの横に麺を置くと効率はいいのですが、熱によって、麺が発酵していき味が落ちる原因となります。

また、麺は最低限昼で使う分を出しておくだけにして、理想としては残りは冷蔵庫に、そうでない場合も風通しの良い場所に、ただ風があたると乾燥していくので、ビニール袋に入れるなどして置いておきましょう。

安全という面では**洗い物の近くで盛り付けをしない**ようにすることです。実際に学生時代に居酒屋でバイトをしていた際に、調理用のドレッシングと洗剤の容器が似ていて、サラダに洗剤をかけてしまった人がいるという話を聞きました。嘘のような話ですが、忙しくて作業に追われていると、思わぬ間違いをすることもあるので、間違いが起きない状況を作ることが重要です。

また、虫が入らないように、厨房のドアは閉めておくべきですが、実際にはそうも言っていられません。その場合は、網戸カーテンなどを購入して使用するだけで、かなり効果があります。

話は少しそれますが、厨房は熱や油を使うためかなり温度が上がります。エアコンがあるといいのですが、業務用だと1台40～50万かかり、現実として入れられないケースが多いでしょう。

客席にはもちろんエアコンをつけることになりますが、厨房から客席にあたたかい空気が流れないようなレイアウト上の工夫も必要です。

当社の店舗で、オープンキッチン形式にしたものの、換気扇の位置が低いのと、キッチンが少し高かったため、油の熱気が厨房から流れて、客席のエアコンが効かないということがありました。

そのときは厨房にプラスチックのフードをつけることによって対処しましたが、厨房をおおいかぶせるようなフードをつけるなどで、空気の流れをとめることもできます。

最後の効率という点では、ラーメン作りは動きやすさが何よりですので、**作業が1、2歩以内で足りるように機材の配置をしておく**ことです。

また、作業台は、とれる限り広いスペースをとっておくといいでしょう。狭いと物を並べられないので、色々な置き台を設置するより、シンプルに、身の回りを広く使えることを念頭に置いてください。

3 田舎のラーメン店は店の外にも気を遣うべき

駐車場の確保は必須

田舎は車社会なので、駐車場は必須です。

ですので、お店を借りる場合は、駐車場がついている物件を探すようにしましょう。

駐車場のレイアウトを変えられる場合は、とめられる台数を減らしてでも、隣の車との間隔を広く取るなどして、**とめやすさを優先したレイアウトにする**ことを検討してみてください。

都会の場合は、1台でも多くとめられるようにという発想になりがちですが、田舎ではこのような小さな気遣いが、じつはお客様に選ばれる店になる大きなポイントだったりするのです。

駐車場の台数については、「席の数＋1日に入るスタッフの数」だけあるのが理想です。お客様も1人1台で来る場合も多いですし、スタッフも車で通勤する人が多いからです。

当社の店舗の中には、30席の店で21台分の駐車場しかない店舗があるのですが、店内にはまだ空席があるのに、駐車場がいっぱいになってしまったために、せっかく来てくださったお客様が帰ってしまったり、別のお店に行ってしまったりすることがよくあります。

したがって、駐車場の台数が席数に満たない場合は、近隣の駐車場を借りて第2駐車場にするなどして、十分な駐車場を確保したほうがいいでしょう。

オシャレな店より目立つ店

外観についてですが、都会のラーメン店の中には、すごくオシャレで、一見するとラーメン店とは思えないような店があります。たとえば、店内が白と黒で統一され、照明は薄暗く、まるでバーのような雰囲気のラーメン店です。

こういうオシャレなお店にすると、女性のお客様も入りやすくなり、都会では人気店になる可能性が高くなります。

ところが、田舎の場合は、このようなオシャレなお店はなかなか受け入れられません。なぜなら、敷居が高く感じられるからです。

田舎のラーメン店の場合、一番は、**とにかく目立つようにする**ことです。

先ほどもお伝えしたように、田舎は車社会ですので、遠くからでもラーメン店があるとわかるような環境作りが重要になります。

そのため、まずは看板を大きめにすること。そして、お店の前に「ラーメン」と書いたのぼり旗を立てると有効です。

のぼり旗は何本か立てたほうが目立っていいのですが、駐車場の出入口付近に立ててしまうと、お客様が車で駐車場から出るときに邪魔になって見通しが悪くなってしまうことがあるので、車の出入口から少し離れた場所に立てるなどの配慮が必要です。

また、外から店内の様子が見えるようにすることも大事です。なぜなら、中の様子がわかったほうが、お客様は入りやすいからです。

関与できるのであれば窓を大きめにとったり、入口のドアを透明にしたりして、中の様子がわかるようにしましょう。

その際、中にいるお客様への配慮として、外から中の人の顔が見えないように、目隠し用のすりガラス調フィルムを貼るなどの工夫をするようにしましょう。

さらに、店の入口の近くに、季節の花を植えたりすると、お客様に喜ばれます。実際、私の店でも花を植えていますが、女性のお客様には好評です。

地面に直植えしてもいいですし、プランターに植えてもかまいません。このようなちょっとした気遣いがお客様の心を掴むことにつながるのです。

看板の重要性

田舎の場合は、特に看板が重要です。車での移動の場合、遠くからでも看板が見えるようにしておかないと、素通りされてしまうからです。

当社では、200メートル離れた場所からでも「ラーメン店がある」と認識できるような大きさの看板にするようにしています。

以前、ある店舗でタテ約1メートル、ヨコ約1・5メートルの木製看板を作ったことがあったのですが、これでは少し小さかったと後悔しています。

少なくとも1辺が2メートルくらいはあったほうがいいでしょう。

ちなみに、次ページの写真は当社の黒崎店のものですが、この看板の大きさはタテ約2メ

ートル、ヨコ約2・5メートルです。

この店は幹線道路に面しているので、どの方向からでも看板が見えるように、正面と左右の壁の3カ所の高い位置に設置しています。

さらに、看板で大事なことは、夜でも見えるように、ライティングをすることです。ライトが当たっていないと、いくら大きい看板でも遠くからは見えなくなりますので、ライティングは必ず行うようにしてください。

看板の製作費については、自分で板を買ってきて、それにカッティングシートで文字を貼れば、1万円程度で作ることも可能です。

看板屋さんに頼む場合は、素材や大きさ、デザインによっても値段が変わりますが、2メートル四方くらいの大きさのものになると、最低でも10万円はするでしょう。

4 厨房機器を揃える

ラーメン店を開業する場合、どんな厨房機器が必要になるのかを、ここで整理しておきましょう。

厨房で必ず必要になる機器は、次の8点です。

①スープレンジ（ローレンジ）
②ガスコンロ（ガステーブル）
③寸胴鍋
④麺ゆで釜、またはゆで麺機
⑤冷凍冷蔵庫
⑥洗浄設備
⑦作業台
⑧製氷機

以下、順に説明していきます。

①スープレンジ（ローレンジ）

スープを作る寸胴鍋を乗せる3重まきのガスコンロのことで、通常のガスコンロよりも火口が低い位置にあり、火力が1万5千キロカロリーと強いのが特徴です。

スープ作り用と麺ゆで用に最低2台必要になります。

②ガスコンロ（ガステーブル）

これは通常のガスコンロで、スープを温めたり、具材の調理をするときに必要になります。ラーメンの種類やサイドメニューの数によって必要な口数は変わりますが、メニューがラーメンだけなら最低1口あれば足りるでしょう。

③寸胴鍋

スープを作るのに必要になります。最低1つは必要ですが、2つあると便利です。

④麺ゆで釜、またはゆで麺機

麺をゆでるのに必ず必要になります。麺を入れたときにお湯の温度が下がってしまわないような熱効率の良いものを選ぶことをおすすめします。

⑤冷凍冷蔵庫

スープをとるための鶏ガラや豚骨、野菜の他、トッピングに使う食材などを保存するために必ず必要になります。お店の規模が小さければ、家庭用冷蔵庫でもいける場合があります。

⑥洗浄設備

食材を洗ったり食器を洗ったりする洗浄設備は、営業許可基準で2槽以上と定められていますので、2槽シンクが必要になります。

さらに、2槽シンクとは別に、手洗い用のシンクも必要になります。

⑦作業台

ラーメンを作ったりする作業台は必需品です。大きさはお店の規模にもよりますが、作業しやすいものを選びましょう。

⑧製氷機

お客様に出すお水に入れる氷を作る製氷機も必須です。製氷機には色々な大きさのものがありますので、お店の規模に合わせて選びましょう。

設備の値段については130ページの見積もり例も参考にしてください。

これは、実際に、あるメーカーにラーメン店オープンのための設備を揃えたいと、依頼を出したものです。合計721万円強の金額が上がってきました。

ただし、出された見積もりの値段のまま支払うのではなく、ここから値引き交渉をすることをおすすめします。また、いくつかのメーカーに見積もりを取ることもおすすめです。これまでの付き合いや信用によっては、備品購入時に見積もりから半額に近い値段で購入できたという話も聞いたことがあります。

また、厨房機器も備品も、値段はピンキリですが、安くても十分やっていくことができます。一般的に、金額が高いほうが、たとえばゆで麺機だとタイマーがついていたり、沸騰の偏りがないなど、効率が良くなりやすいとはいえます。ただ、熱の偏りはかき混ぜることによって解消できますし、備品などは100均で揃えられるものも十分にあります。

これは、何も備品に限った話ではありません。

自己資金と照らし合わせながら初期投資をなるべく抑えられるよう、機器によっては中古やリースも検討するなど、臨機応変に対応するようにしてください。

厨房機器見積もり例

御見積書

No.

2018 年 05 月 09 日

有限会社三八 御中

下記の通り御見積申し上げます。
何卒御用命の程御願い申し上げます。

見積有効期間 2018年8月6日
現 場 名 有限会社三八 様方
受 渡 場 所
納入予定年月 2018 年 05 月
御支払条件

合計金額 ¥7, 210, 500
※消費税額は含まれておりません。

No.	品名／型式	寸法	数量	単価	金額	備考
001	角型ゆで麺器 [redacted]	500*750*800	1	429, 000	429, 000	
002	ｶﾞｽﾛｰﾚﾝｼﾞ [redacted]	750*750*450	2	135, 000	270, 000	
003	中華 ﾚﾝｼﾞ [redacted]	550*750*750	1	178, 000	178, 000	
004	羽釜 ﾚﾝｼﾞ [redacted]	650*700*650	1	460, 000	460, 000	
005	ｽﾀﾝﾀﾞｰﾄﾞｶﾞｽﾌﾗｲﾔｰ [redacted]	450*600*800	1	179, 000	179, 000	
006	ｶﾞｽﾃｰﾌﾞﾙ(ｳﾙﾃｨﾓｼﾘｰｽﾞ) [redacted]	900*600*800	1	158, 000	158, 000	
007	卓上餃子 ｸﾞﾘﾗｰ [redacted]	600*600*260	1	125, 000	125, 000	
008	架台	600*600*540	1	45, 000	45, 000	
009	一槽 ｼﾝｸ [redacted]	600*600*800	1	60, 500	60, 500	
010	一槽 ｼﾝｸ [redacted]	750*750*800	1	79, 000	79, 000	
011	ﾀﾞｽﾄ 付一槽 ｿｲﾙﾄﾞｼﾝｸ	1300*700*820	1	248, 000	248, 000	
012	ﾄﾞｱﾀｲﾌﾟ 食器洗浄機 [redacted]	598*620*1420	1	1, 133, 000	1, 133, 000	
013	ｸﾘｰﾝﾃｰﾌﾞﾙ	700*700*820	1	98, 000	98, 000	
014	調理台 [redacted]	1500*600*800	1	111, 000	111, 000	
015	作業台 [redacted]	900*600*800	2	39, 000	78, 000	
016	冷蔵 ｺｰﾙﾄﾞﾃｰﾌﾞﾙ 329L [redacted]	1500*600*800	1	709, 000	709, 000	
017	冷凍冷蔵庫 (1 室冷凍) 1276L [redacted]	1500*800*1910	1	1, 398, 000	1, 398, 000	

※別途工事 給排水・電気・ガス等 器具接続工事 及び
フード・ダクト工事などは見積に含みません。

1/2

No.	品名／型式	寸法	数量	単価	金額	備考
018	チェストストッカー [redacted]	1351*730*893	1	418,000	418,000	
019	製氷機　アンダーカウンタータイプ（セル 方式 ）45kg [redacted]	630*450*800	1	640,000	640,000	
020	エレファントシェルフ [redacted]	1515*610*1930	1	94,000	94,000	
021	搬入据付費 [redacted]		1	300,000	300,000	
	小　計				7,210,500	
	総　合　計				7,210,500	

※別途工事　給排水・電気・ガス等　器具接続工事　及び
フード・ダクト工事などは見積に含みません。

2/2

5 備品を揃える

先にあげた8つの厨房機器の他に、必要に応じて準備しておいたほうがいいものは次のとおりです。

・炊飯ジャー

チャーハンやライスを出す場合に必要になります。保温機能があるものが便利です。家電量販店などで販売されている家庭用のもので問題ありません。

・餃子焼き機

餃子をメニューに入れる場合は必要になります。ただし、餃子をメニューに加えると売上はアップしますが、1人でお店を回せなくなる可能性が高くなりますので、導入はよく考えてからにしましょう。

・製麺機

お店でオリジナル麺を作るのであれば製麺機が必要になります。製麺機を使って自分で麺を作ったほうが、業者から麺を仕入れるよりもコストを抑えることができます。ただし、麺を作る時間が必要になってきますので、お店が軌道に乗るまでの間は業者から仕入れたほうが無難です。

・冷水機

冷水機を導入しセルフサービスにすることで、お客様に水を出す手間を省くことができます。ただし、冷水機を置く場合は、スタッフやお客様の動線の確保に注意しましょう。

・手鍋、フライパン

スープを温めたりするときに手鍋があったほうが便利です。また、具材の野菜を炒めたりする場合、フライパンや中華鍋があるといいでしょう。

・ラーメン鉢

ラーメン鉢は、最低でも席数の3倍は用意しておきましょう。たとえば、満席で20席の店の場合は60個あれば、私の経験上、なんとか回していけます。

同様に、スープ用のれんげやお水用のコップの数も、席数の3倍が目安です。

炊飯ジャー、餃子焼き機、製麺機は、メニューや麺をどうするかによって変わってきますので、必要に応じて揃えてください。

また、基本的な備品（計量器、パット、まな板、包丁、菜箸、リードル、洗剤、傘立て、領収書等）は、インターネットの通販ショップや、業務用備品を取り扱っている店などで検索して、ネットショップ、専門店、ホームセンター等で揃えるようにしましょう。

6 食券販売機のメリット、デメリット

ラーメン店に限らず、飲食店の中には食券販売機を設置している店がたくさんあります。当社でも、4店舗中2店舗で食券販売機を導入しています。

ただ、導入してみてわかったことがありますので、私が実感した食券販売機のメリット・デメリットについてお話ししておきたいと思います。

まずメリットですが、これは主に次の2つです。

1つ目は、なんといっても**人件費の節約になる**ことでしょう。収容人数が多く、繁盛しているお店の場合、ピーク時はレジに1人張り付いていなければいけないことがあります。

たとえば、レジに1人張り付いている時間が1日に3時間あって、その人の時給が1000円とした場合、食券販売機を導入することによって1日3000円、1カ月（30日）で9万円、1年（365日）で109万5000円の節約になるというわけです。

これだけのお金が毎年節約できるのですから、導入効果は大きいといえるでしょう。

2つ目のメリットは、**オーダーの聞き間違いや、つり銭の渡し間違いがなくなる**ということです。

オーダーの聞き間違いによるロスや、つり銭の渡し間違いによる損失は、それほど頻繁に発生することはないかもしれませんが、〝チリも積もれば山となる〟で、意外とバカにできないのです。


一方、食券販売機にもデメリットがあり、それは次の2つです。

1つ目は、**機械の値段が高い**ことです。タッチパネル式の良い機械になると1台200万円くらいしますし、ボタンがたくさん並んでいる一般的な機械でも1台100万円くらいはします。中古の機械もありますが、それでも1台60万円くらいです。

現金一括払いだけでなく、分割払いやリースもありますが、それにしても初めての開業でいきなり導入するにはリスクが大きいといえるでしょう。

2つ目は、**たまにトラブルが発生して使えなくなることがある**ということです。実際、当社でもお客様が間違ってスロットマシンのコインを入れてしまったために、動かなくなってしまったことがありました。

結局、業者を呼んで直してもらったのですが、その間は口頭で注文を聞き、会計はレジで行うことでなんとか対応しました。

このように、食券販売機には一長一短がありますので、導入を検討する際は、これらのことを考えた上で判断したほうがいいでしょう。

ただし、客層に高齢者の割合が多いと見込まれる場合は、お年寄りの中には操作方法がわからない方が多いため、口頭で注文をとり、レジで支払いをする形にしたほうが無難です。

ちなみに、当社の場合、2店舗ともタッチパネル式の食券販売機を導入しました。

一般的なボタン式ではなく、あえて高いタッチパネル式を選んだ理由は、お店として売りたいセットメニューのボタンを大きくして目立つようにしたり、単品のラーメンを購入されたお客様に「セットはいかがですか?」というような画面が出てくるように設定できたからです。

実際、これによってセットが出るようになっているとは思いますが、そのことによって導入コストが回収できているかというと、まだまだできてはいないと感じています。

もしかしたら、食券販売機を導入せず、スタッフが注文を聞く際に、「セットはいかがですか?」と声をかけたほうが、より注文が増えるかもしれません。

実際、検証したわけではありませんので、なんとも言えませんが、こうしたことも考慮に入れた上で導入を検討したほうがいいということです。

店舗を構えない、小さな始め方の例

●5万円から開業できる方法もある

ラーメン起業と聞いて、即座に「開業資金がないよ……」と思った人も多いのではないでしょうか。

確かに、ラーメン店を始めるにはお金がかかります。

いくら田舎は物価が安いといっても、一軒のお店を持つとしたらまとまった資金が必要になることは言うまでもありません。しかし、お店を持たずに開業するなら……。極端な話、たった5万円からスタートすることができるのです。

じつは、そうビックリするような話ではありません。学園祭のとき、よく学生がラーメン店を出店しますが、そのときの調理器具一式（スープを作る寸胴鍋、ガスコンロ、麺をゆでる鍋の3点セット）のレンタル料金が5万円なのです。

また、中古で探せば5万円以下で、その3点セットを購入することもできます。

これらの器具があれば、地元のお祭りや商工会が主催するイベントなどに出店することが可能になりますので、こういう小さなところから始めてみるのもいいでしょう。

私はたまに老人ホームに出張して、入居者のお年寄りにラーメンをふるまうことがあるのですが、出張専門のラーメン店というのも、選択肢の一つとして考えられるでしょう。

ちなみに、イベントの規模にもよりますが、1日出店すればだいたい100杯くらいは売れますので、1杯500円で販売したとして1日で5万円は稼げることになります。

実際、コンビニのオープニングイベントに出店したときは、4時間で500円のラーメンが100杯売れましたし、もう少し規模の大きな商工会のイベントでは、1日で500円のラーメンが200杯売れたこともあります（イベントについては第8章内でも詳しく説明します）。

もう少し積極的に稼ぎたいという場合は、移動できる屋台で営業するという方法があります。

屋台の値段はピンキリですが、リヤカー式の屋台であれば安いものだと15万円くらいからあります。また、屋台の調理台を囲むように4人掛けの長椅子が3つセットになった大型の屋台は、30万円くらいから購入可能です。

さらに、ラーメンの移動販売車は新車だと200万円くらいしますが、中古であれば60〜100万円で購入することができます。

屋台や移動販売車はネットで検索すれば出てきますし、移動販売車に関しては中古車販売店に問い合わせると、探してきてくれることもあります。

もちろんこれだけで生活をしていくのは厳しいかもしれませんが、まず初めの一歩としてこれくらいの予算であれば、兼業で手ごたえを見るなどは、できそうな気がしませんか？

●地元のスーパーの駐車場で開業する

もう1点、小さく始める方法をご紹介します。

スーパーマーケットの駐車場の一角で、やきとり屋やパン屋の移動販売車が営業しているのを見かけたことはありませんか？　ラーメン店の場合もこのような形で営業することが可能です。

住宅が密集していない場合は、屋台を引っ張りながらの営業や、移動販売車で町中をぐるぐる走り回る営業よりも、スーパーマーケットのように人が集まる場所に出店して営業したほうが、効率がいいといえるでしょう。

スーパーの駐車場を借りる場合、直接スーパーと交渉するよりも、地元の知り合いに間に入ってもらったほうがうまくいきます。

自分の田舎でやる場合は、知り合いを何人かたどればスーパーの関係者に行き着くはずですので、ぜひ当たってみてください。場所によってある程度の差はありますが、たとえば私の地元ですと、月極め駐車場の1カ月の料金は5000〜8000円ですので、それくらいの金額を払えば貸してもらえると思います。

なお、駐車場を貸してもらえる場合は、できるだけ出入口に近い場所を借りましょう。出入口から遠く離れた場所だと、お客様はなかなか買いに来てくれませんので注意が必要です。

また、スーパーの場合は、テイクアウトできる商品を用意しておくことも、売上を上げる重要なポイントです。

晩ご飯のおかずを買いに来たお客様の中には、その場でラーメンを食べるより、麺とスープを買って帰って、家で調理して、家族みんなで食べたいという人もいますので、そのようなニーズに応えられるようにしておいたほうがいいでしょう。

第4章

味・メニューを考える

1 基本のラーメンの味を決める

オーソドックスな4種類のスープから、何を選ぶ？

店舗づくりと並行して進めておく必要があるのが、味とメニューの決定です。もちろん最も重要になってくるのは、スープと麺をどうするかということになります。

まずスープですが、これはタレ（かえし）と出汁（ダシ）でつくります。ラーメン店でラーメンを作っているところを見たことがある人ならわかると思いますが、まずラーメン鉢に少量のタレを入れ、そこに鶏ガラなどの出汁を入れて混ぜ合わせて作るのです。

たとえば、しょうゆ味のスープの場合は、濃厚なしょうゆダレを入れ、そこに寸胴鍋で作った鶏ガラの出汁を入れて完成です。

スープの種類でオーソドックスなものは、「しょうゆ」「味噌」「塩」「とんこつ」の4種類です。

ちなみに、「何でも調査団」というサイトが実施した「好きなラーメンのスープの味」アンケート（2012年）によると、「しょうゆ」が38％でトップ。2位が「味噌」で21％。3位が「とんこつ」で20％。4位が「塩」となっています。

ただし、年代別に見た場合は、「味噌」派はどの年代も20％前後で変わらないものの、年齢が高くなるほど「しょうゆ」派が多く、「とんこつ」派が少なくなっています。

逆に、年齢が若くなるほど「とんこつ」派が増え、30代以下では「とんこつ」派が29％、「しょうゆ」派が30％と、ほぼ同じくらいの比率になっています。

また、地域別に見てみると、本州と四国は「しょうゆ」派がトップですが、北海道は「味噌」派が39％でトップ。九州は「とんこつ」派が66％でトップとなっています。

このように地域によって味の好みが違います。

スープと麺は奇をてらわず、ベーシックなものに

「しょうゆ」「味噌」「塩」「とんこつ」この中でどれを選ぶかについては、「自分のこだわりの味を見つけて勝負したい」という方もいるかもしれません。あなたの好みもあると思いますが、それはいったん置いておいて、ここでは**地域の人たちに最も受け入れられやすいも**

のを選ぶことをおすすめします。

都会では差別化のために奇をてらったものにする場合もありますが、田舎の場合は奇をてらうと、逆に失敗することがありますので、オーソドックスなものを選びましょう。

確かに、味は大事です。まずいと繁盛しません。しかしずば抜けた特別な味は必要ないのです。なぜなら、私たちの舌は長く食べ続けていると、それが「好きな味」として定着していくからです。

「おふくろの味」「老舗の味」という言葉があるように、味の嗜好も「接触頻度＝食べる回数」によって作られていくのです。

ですから特に田舎の場合は、どこの店にもないオリジナルの「特別な味」や奇抜な味は必要なく、万人受けするオーソドックスな味でいいのです。

実際、当店のスープは１９６９年の創業以来、オーソドックスな「とんこつしょうゆ味」ですが、子供からお年寄りまで幅広い年齢層のお客様に愛され続けていますし、なかには10年、20年、さらには何十年と、飽きることなく、長きにわたってごひいきにしてくださっているお客様もたくさんいます。

また、1日3回食べに来てくださるお客様もいますし、「死ぬ前にどうしても、三八のラーメンが食べたい」と言って、車イスで来てくださった90代のおじいさんもいました。

さらに、赤ちゃんを出産した後、退院して家に帰る途中で、当店に駆け込んでくださった奥さんもいました。

祖父の代から地元のお客様に長く愛され続けてきたのは、もちろんラーメンの味だけではないかもしれません。しかし、店主やスタッフが変わっても、多くのお客様が通い続けてくださるということは、やはり味のウエイトが高いといえるでしょう。

「支那そば三八」のスープの作り方

参考までに、当社のオーソドックスなスープの作り方を紹介しておきましょう。

材料と作り方は次のとおりです。

【材料】（30Ｌ＝小盛で約１００杯、中盛で約80杯）

・げんこつ　10kg

・ロース骨　4kg

・鶏ガラ　4kg
・丸鶏　1匹（2kg）
・昆布　900g
・玉ねぎ　1・5kg
・ニンニク　2個
・水　30L＋α

【作り方】
①げんこつとロース骨についている血と汚れを、ぬるま湯で洗い流す。
②30Lの水を入れた寸胴鍋の中にげんこつとロース骨を入れ、強火で炊く。
③30～40分くらいすると、灰汁《アク》が出てくるので灰汁を取る。
④黒かった灰汁が白い泡状になったら、皮をむいて4分の1にカットした玉ねぎと、皮をむかずに半分にカットしたニンニクを鍋の中に入れる。
⑤中火にして10時間炊く。
⑥2時間おきに水の量をチェックし、減った分だけ水を足す。
⑦沸騰具合が一定になるよう火加減を調整する。このとき灰汁は取らない。

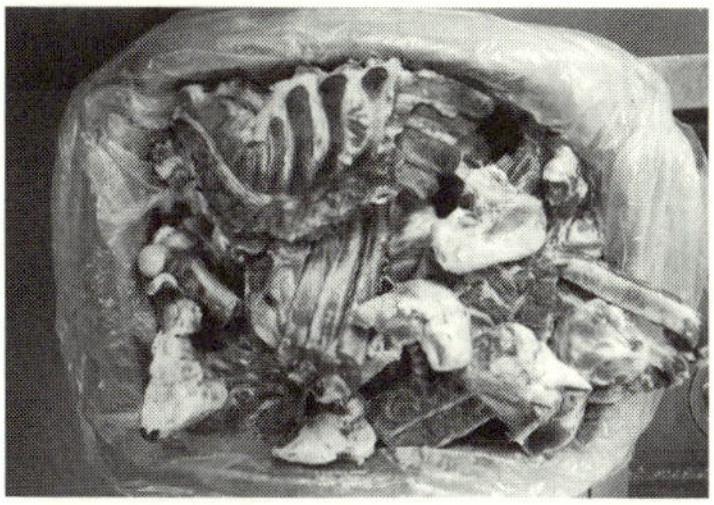
げんこつとロース骨を洗い流した状態

玉ねぎとにんにくは写真のような切り方で

昆布900g

手順②　寸胴鍋で強火で炊いているところ

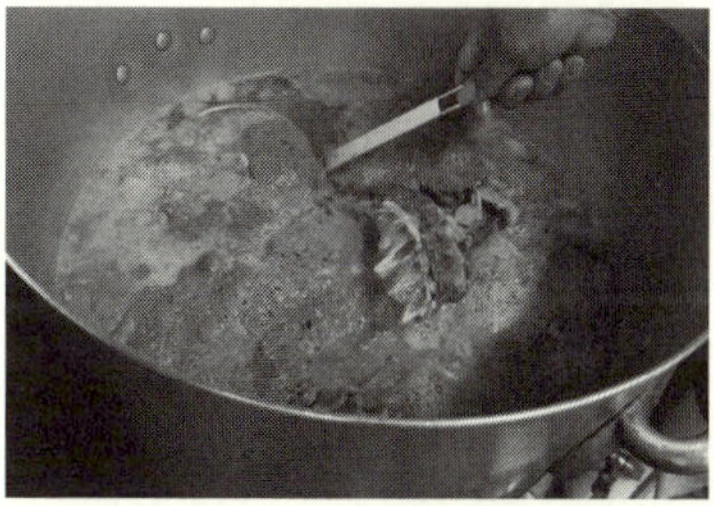
手順③　灰汁が出てきているところ

手順⑨　こしているところ

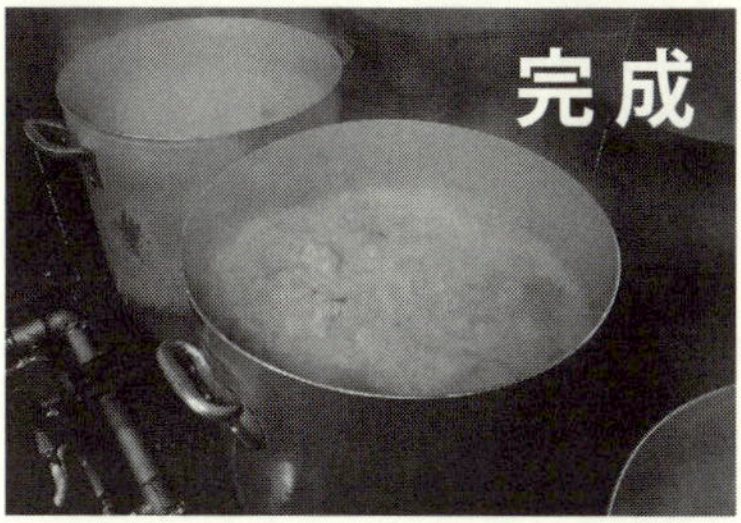

※1つの鍋で30L

⑧10時間たったら鶏ガラと丸鶏と昆布を入れ、弱火で2時間半炊く。このときは水は足さず、灰汁も取らない。

⑨2時間半たったら火を止め、網でこす。

当社では、4店舗分のスープを工場で一括して作っています。

具体的には、朝の7時から作り始め、夜の6時か7時に先ほどの⑦までの工程が完了しますので、ここでいったん火を止めてそのまま置いておきます。

そして、夜中の2時半に再び鍋に火を入れて再開し、朝の6時半ごろにスープが完成するような時間配分で作っています。

なお、できたスープは10Lのバケツ3つに分け、シンクの中で流水で10度以下になるまで冷まします。これは菌が繁殖しないようにするためです。

こうしてできたスープは開店時間に間に合うように、各店舗に配られます。

北は「ちぢれ麺」派、南は「ストレート麺」派が多い

次に麺についてですが、麺の種類は大きく分けて「ストレート」と「ちぢれ」の2種類です。

そして、それぞれに太さが「細麺」「中細麺～中太麺」「太麺」の3種類ずつあるので、全部で「ストレート・細麺」「ストレート・中細麺～中太麺」「ストレート・太麺」「ちぢれ・細麺」「ちぢれ・中細麺～中太麺」「ちぢれ・太麺」の6種類に分けることができます。

麺の好みも、スープと同様、地域によってかなり違います。

前述の「何でも調査団」というサイトが実施した「好きなラーメンの麺のタイプ」アンケート（2012年）によると、北海道は「ちぢれ・中細麺～中太麺」が57％とダントツで、これに「ちぢれ・細麺」（17％）と「ちぢれ・太麺」（7％）を加えると、「ちぢれ麺」派が81％を占めているのです。

これに対し、九州は「ストレート・細麺」が46％で、これに「ストレート・中細麺～中太麺」（19％）と「ストレート・太麺」（2％）を加えると、「ストレート」派が67％を占める結果となっています。

なお、それ以外の地域は、次のようになっています。

・東北：「ちぢれ麺」派65％、「ストレート」派29％
・関東：「ちぢれ麺」派56％、「ストレート」派38％

・北陸・甲信越：「ちぢれ麺」派62％、「ストレート」派36％
・東海：「ちぢれ麺」派49％、「ストレート」派46％
・関西：「ちぢれ麺」派41％、「ストレート」派56％
・中国・四国：「ちぢれ麺」派39％、「ストレート」派57％

これによると、東海地方を境に北に行くほど「ちぢれ麺」派が多く、南に行くほど「ストレート」派が多いということです。

麺選びの参考にしてみてください。

麺の選び方や仕入れ方、手作り麺は？

当店の麺はストレート・中細麺ですが、これは祖父の代からずっと変わっていません。自分のところで作っているのではなく、祖父が見つけてきた製麺屋さんからずっと仕入れています。

製麺屋さんはネットで調べれば、地元の製麺屋さんがいくつか出てくると思いますので、まずはサンプルを取り寄せて食べ比べてみて決めるのがいいでしょう。

あるいは、地元のラーメン店をいくつか食べ比べてみて、自分が一番おいしいと思ったお店の人に、どこの製麺屋さんから仕入れているのかを聞いてみるという方法もあります。

一度に仕入れる量は、その日に使う分だけにするのが理想です。なぜなら、打ち立ての新鮮な麺のほうが味が良いからです。当店の場合、製麺屋さんとの付き合いが長いので、毎日必要な量だけを配達してもらうようにしていますが、できれば最初に交渉してみるといいでしょう。

仮に毎日配達が無理だったとしても、冷蔵庫で保管すれば3～5日は持ちますので、配達のサイクルに合わせて必要な分だけを仕入れるようにしましょう。

もちろん、麺にこだわるのであれば、製麺機を購入して自分で麺を作るという方法もあります。ただ、製麺機を置くスペースが必要になりますし、麺作りにかける時間も必要になります。

自分で作れば原価は下がり、利益が出るようになりますが、スープを作って麺も作ってとなると、寝る暇がなくなりますので、麺にそれほどのこだわりがないのであれば、最初は製麺屋さんから仕入れるのがいいと思います。

ちなみに、当店ではつけ麺を始めたときから、つけ麺の麺だけはこだわりたかったので、お店で作るようにしています。

レシピさえきちんと作っておけば、誰が作っても同じ味の麺を作ることができます。ただし、これは当店で実際にあった失敗なのですが、粉の分量を微妙に間違えていたことに気づかず、本来の味とは違った麺をお客様に出してしまったことがありました。

当店の場合は、本当にわずかな違いだったので店長も気づかなかったようでしたが、私が訪問した際に食べてみて気づくことができました。

このようなミスもたまにありますので、自分たちで麺を作る場合は、必ずできた麺の味はチェックするようにしましょう。

徳島ラーメンスープ3つの系統

●「かえし」のしょうゆの違いがスープの色の違いを生んだ

徳島ラーメンは「茶系」「黄系」「白系」の3系統があり、それぞれ茶色・黄色・白色のスープがあるとお伝えしましたが、もともとは茶と白の2大系統のみでした。

まず白系も茶系も、基本は豚骨だけでスープを作っていますので、ともにスープの色は真っ白です。そのスープを「かえし」と呼ばれるしょうゆダレを入れたどんぶりに注いで、豚骨しょうゆスープにしたときに、スープの色に違いが出るのです。

もうお気づきの方もいるかもしれませんが、白系で使うしょうゆは色の薄い「薄口しょうゆ」です。薄口しょうゆはもともとしょうゆの色が薄いので、真っ白な豚骨スープの色がそれほど変わらないことから白系と呼ばれています。

白系の元祖と言われているのが、私の祖父がラーメン作りのイロハを教えてもらった岡本中華です。このお店は前述したとおり、徳島の小松島市という港町にありました。江戸時代から和歌山と連絡船による交流・交易があった町で、その地域には以前から関西の薄口しょうゆが伝わっていたそうです。こうして加工肉工場から安く仕入れた豚骨と、関西から伝わっていた薄口しょうゆで豚骨しょうゆラーメンを作るという文化が生まれたと推測できます。

これに対して、茶系と呼ばれるラーメン店が使っているしょうゆは色の濃い「濃口しょうゆ」です。これに白い豚骨スープを加えることで、スープの色が茶色になるのです。

茶系は白系の後から出てきたもので、どこが最初に始めたのかはよくわかりませんが、こちらも地元の人たちの支持を得ることに成功しました。「いのたに」や「広東《かんとん》」が老舗として有名です。

さらに、白系と茶系にはもう一つ大きな違いがあります。

それは白系のチャーシューは脂身の少ない豚のモモ肉を使っていてあっさりしているのに対し、茶系のチャーシューは脂身の多い豚バラ肉を使っているのでこってりしていることです。

また白系は基本卵は入れないのに対し、茶系は生卵を入れて食べるという違いがあります。

以上のような違いのある徳島ラーメンの白系と茶系ですが、「徳島ラーメン」という呼び名が生まれるずっと前から、この2大系統が徳島のラーメン業界を席巻していたのです。

●新系統、黄色系ができるまで

徳島ラーメンが、現在は「茶」「白」「黄」の3系統に分けて、マスコミ等で取り上げられるようになったのは、当社が黄色系を名乗ったからです。

以前当社のラーメンは白系に分類されていて、「白系といえば岡本中華」ということで、鶏ガラを使った黄色いスープという特徴があるにもかかわらず、白系の中に埋没していました。創業者である祖父も、二代目である父親も、ブランディングについては、どちらかというと無頓着なほうで、とにかくおいしいラーメンをお客様に提供することを第一に考えていました。

そこで、私が三代目を継いでから、なんとか目立たせる方法はないものかと考え抜いた結果、差別化戦略の一環として「黄色系」を名乗ることを思いつき、ことあるごとにマスコミに対して「うちは白系ではなく黄色系です」と強く、そして地道にアピールし続けたのです。

それが奏功し、徳島ラーメン特集が組まれるときは、茶系、白系、黄色系の3つがあり、黄色系の代表が当社のラーメンだという形で取り上げてもらえるようになったというわけです。

黄色系の一番手になったことで、マスコミへの露出が格段に増え、やはり小さなジャンルでもいいから一番になることが重要なのだと、身をもって実感したのでした。

2 ラーメン一本で勝負する道もある

トッピングで、バラエティ色を出す

1人もしくは少人数で小さなお店を運営していこうと考えている場合は、メニューの数をあまり増やさないほうがいいでしょう。

特に、餃子やチャーハンをメニューに加えると、調理に時間がかかってピーク時に料理の提供が間に合わなくなり、クレームに発展してしまう可能性があります。

そうなると、そのお客様は二度と来てくれません。

ですので、小さなお店の場合はメニューを増やさず、まずはラーメン一本で勝負する、という手もあります。

ラーメンだけだとメニューの少ない寂しい店だと思われるのではないかと不安に感じる人もいるかもしれませんが、その心配は無要です。

なぜなら、トッピングを充実させておけば、寂しい感じはしないからです。

ちなみに、オリコンが「ラーメンのトッピングで好きなもの」を調べたアンケート（2007年）によると、好きなトッピングのベスト10は次のようになっています。

①チャーシュー
②ねぎ
③味付けたまご
④メンマ
⑤もやし
⑥角煮
⑦コーン
⑧のり
⑨ゆでたまご
⑩バター

これらの中からいくつか選んでトッピングを用意しておけば、メニューが寂しい感じはしなくなります。

さらに、具材を乗せるだけなので調理の効率化も図れ、まさに一石二鳥といえるでしょう。

煮たまごの作り方

煮たまごは、できたものを仕入れることもできますが、簡単に作れますので、時間があれば自分で作ったほうがいいでしょう。

煮たまごの作り方は次のとおりです。

【作り方】

①水を入れた鍋の中に卵を入れて沸騰させる。

②沸騰してから6分20秒たったら卵を取り出し、殻をむく。

③しょうゆ10、みりん10、砂糖1の割合で作ったタレを沸騰させ、そのタレをビニール袋に入れ、その中に卵を漬けて24時間冷蔵庫で冷やす。このとき、ビニール袋の中の空気を抜いて、卵が完全にタレの中に浸かるようにするのがポイント。

チャーシューの作り方

チャーシューも、店によって特色を出せるトッピング材料となります。

さらにチャーシューはご飯の上に乗せてチャーシュー丼として商品化したり、チャーハンがメニューにある場合は、切れ端を入れるなどの利用もできます。

当社で作っているチャーシューのレシピを１６４ページに掲載していますので、参考にしてください。

3 サイドメニューを考える

サイドメニューに対する考え方

お店の売上というのは「客数×客単価」で決まります。

ですので、売上を上げたかったら、お客様の数を増やすか、客単価を上げるしかないのです。

そういう意味でいうと、**サイドメニューは客単価アップの強力な武器**となります。

これまでラーメンとライスしか食べていなかったお客様が、餃子を頼んでくれるようになれば、その分、売上がアップすることになります。

また、**セットメニューも売上アップには効果的**です。

たとえば、「ラーメンとライスと餃子」をセットにした餃子セットや、「ラーメンとチャーハン」をセットにしたチャーハンセットなど、このようなセットメニューは、お得感を出すために、単品で頼むよりも値段を多少安く設定する必要があります。

絶品 チャーシューの作り方

約50～60人前

豚モモ肉 ……… 5 kg
濃口しょうゆ … 250CC
砂　糖 ……… 100 g
水 ……………… 750CC
前日のタレ …… 1200CC

※前日まで、残ってきたタレに調味料を足して、新たなタレを作っていきます。

❶ 豚モモ肉はスジ等、余分な肉をそぎ落とす。そぎ落とした肉は餃子用のミンチに使用。

▼

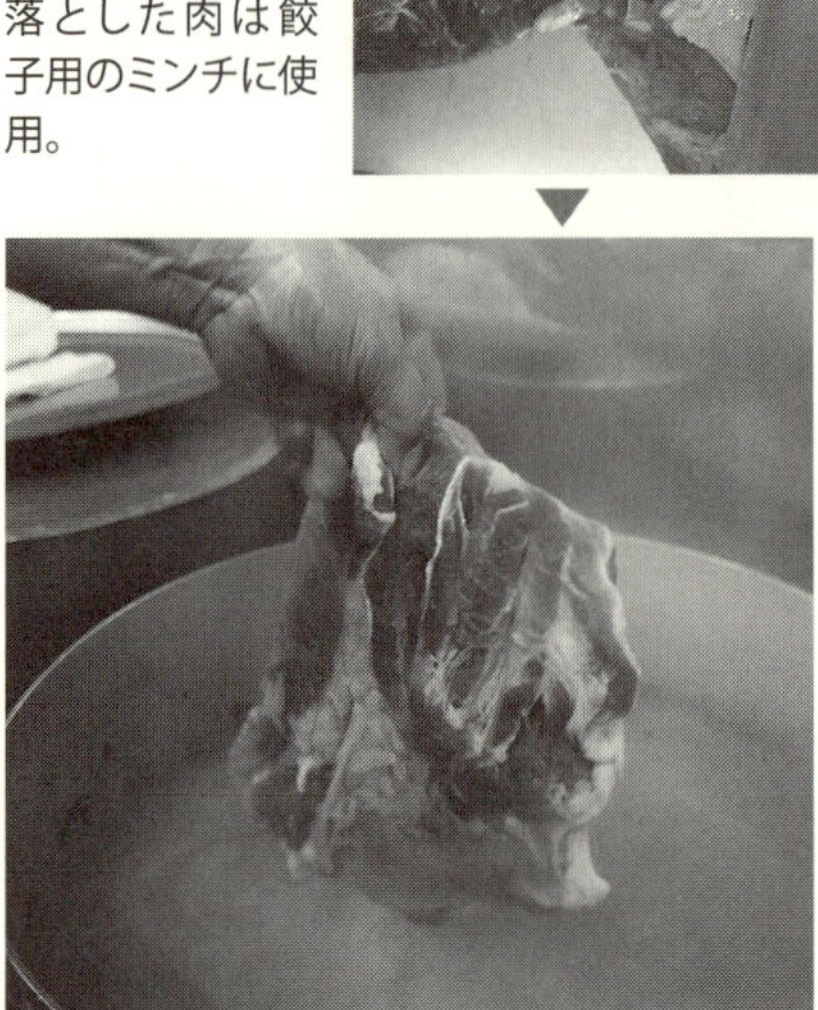

❷ スープで、約25~30分茹でる。（肉の大きさによりゆで時間は微調整する）

※スープのレシピは147ページ

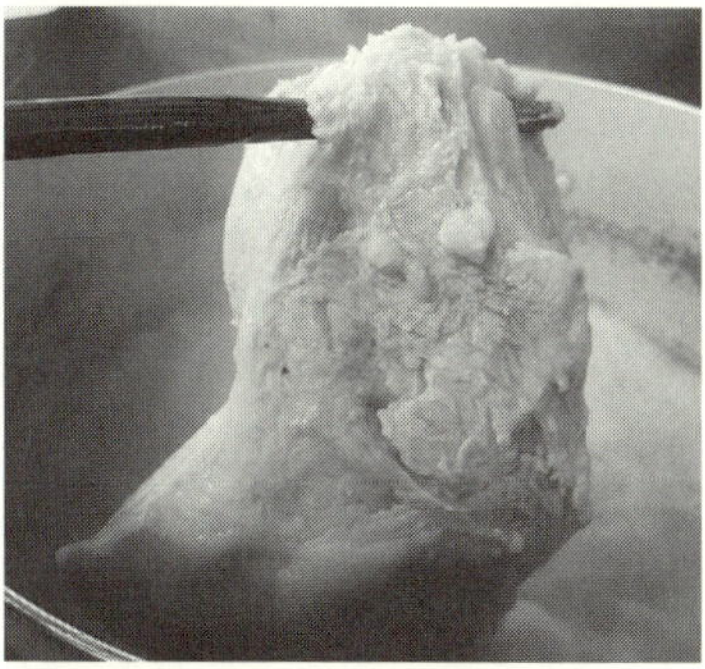

❸ ②をスープから引き揚げる。

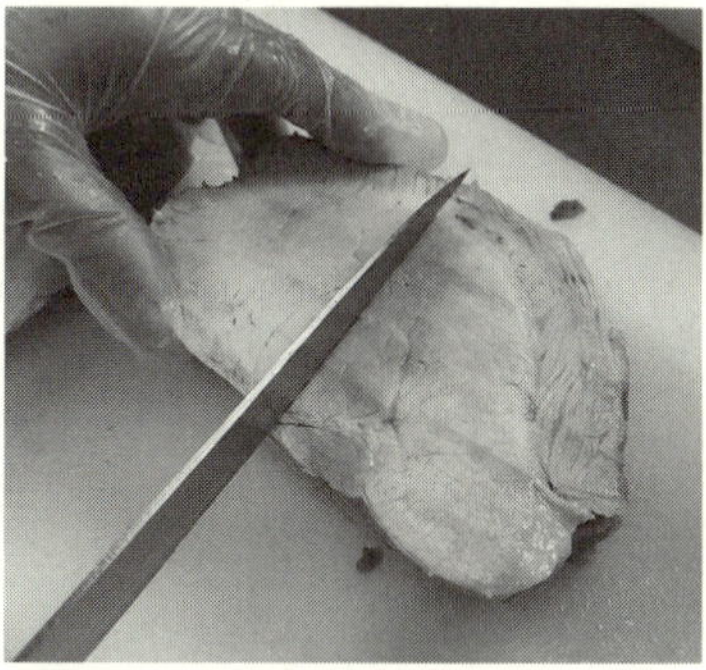

❹ 味がしみ込みやすいように7~10センチ角にカットして形を整える。

❺ タレを調合する。（濃口しょうゆ、砂糖、水、前日にチャーシューを漬け込んでいたタレ）

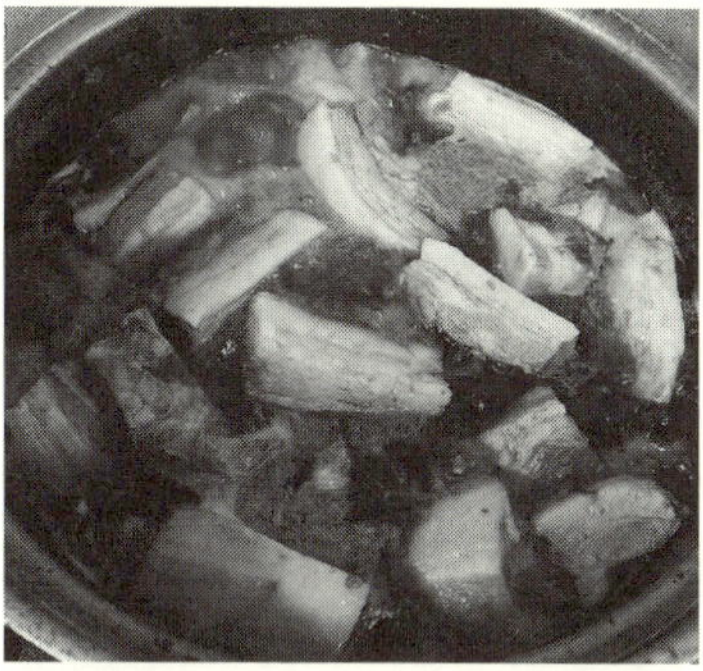

❻ ⑤のタレと、④のカットした肉を弱火で15分程度煮込む。

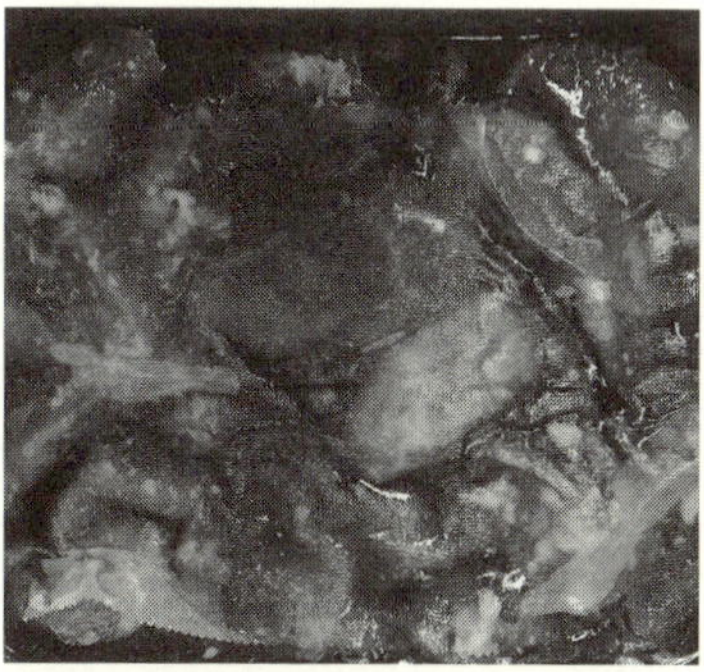

❼ ⑥を容器に移し一晩寝かせて完成。キッチンペーパーを敷き詰める。（浸かっていない部分の乾燥を防ぐため）

ですので、粗利は下がるのですが、セットメニューがたくさん出れば、その分、客単価がアップし、売上もアップするのです。

ただし、サイドメニューによっては、導入するには人を増やさなければいけないものがあります。

たとえば、チャーハンが最たるものです。

最近はチャーハンを自動で作ってくれる機械もありますが、それがない場合は、チャーハンを作る人を1人入れなければいけなくなります。そうすると、人件費が増えることになりますので、それだけの数が出るかどうかが、チャーハンを導入するかどうかの目安になります。

一方、餃子や唐揚げは、機械にセットすれば後は自動でできるので、そのために人手を増やす必要はありません。ですので、メニューに入れておけば、出たら出ただけ売上アップ、利益アップにつながるのです。

じつは、サイドメニューには売上アップの他にもう1つ、導入するメリットがあります。それは**食材のロスを減らせる**ということです。

前述したようにチャーシューの切れ端をチャーハンの具にしたり、他にもチャーシューを作る過程で生肉から出る余分なスジや脂身の部分は餃子の具にすることができます。

また、ライスも残ったものは冷凍しておいて、翌日チャーハンに使いますので、そこでもロスが出ないのです。

さらに、当社ではサイドメニューを作るためだけに食材を仕入れるのではなく、できるだけロスが出ないように、使い回しのできる食材でサイドメニューを作ろうという発想で考えています。

飲食店の場合、食材のロスがたくさん出ると、それだけ利益を圧迫することになります。ロスが出る三大要因は、「調理ミス」「仕込みすぎ」「仕入れすぎ」ですが、食材の使い回しができるようにしておくことで、「仕入れすぎ」をカバーすることができるのです。

ですので、売上を伸ばすことだけでなく、いかにしてロスを減らすかも同時に考えておかなければいけないのです。

まかないから新商品が誕生することもある

当店のサイドメニューに「肉飯《にくめし》」というのがあります。

じつはこれは、まかないの食事から誕生したメニューなのです。

当社では、まかないは基本的にお店にある食材を使って自由に作っていいことにしています。

みんな本当によく考えるもので、チャーハンを玉子でくるんでオムライスのようにしたものや、天津飯のアンをラーメンスープで作ったものなど、数え上げればきりがないくらい、ユニークなまかない飯が誕生しており、いつもその発想の豊かさに驚かされています。

ただ、商品化するとなると、作るのに手間がかかるものはできないため、おいしいけれど商品化はできないというものがたくさんあるのです。

そんな中で、見事、商品化されたのが肉飯だったというわけです。

ご飯の上にチャーシューを載せてタレをかけただけのものですが、これがおいしいと評判で、人気メニューの1つとなっています。

「支那そば三八」各店舗のサイドメニューについて

祖父がラーメン店を始めたときのメニューはラーメンとライスだけという、いたってシンプルなものでした。

ただ、特徴的だったのは、オープン当初からデザートメニューとして、ソフトクリームを出していたことです。これはアイスの製造卸をやっていた関係で、ソフトクリームの製造機があったからですが、それが好評だったことから、他の店舗でも出すようになり、今では「支那そば三八」の看板メニューの1つとなっています。

1章でお伝えしたように、父が2号店をオープンした当時はファミレスが出始めた時代で、そこに対抗し、お好み焼き、焼きそば、ナポリタンなどバラエティに富んだサイドメニューを展開していました。

一方で、父の友人が店主を務めていた3号店では、サイドメニューとして餃子と唐揚げを出していました。

当グループで出している餃子は、もともと3号店で出していた味を踏襲し、現在はそれを全店で出しています。

一方、唐揚げについては、全店で導入してみたものの、3号店以外ではそれほど出なかったため、今は3号店だけで唐揚げを出しています。

4 ドリンクメニューを考える

ソフトドリンクは在庫を考えながら決める

当店ではソフトドリンクは、現在オレンジジュース、コーラ、ラムネの3種類を出しています。ジュースは、オレンジジュースが一番よく出るので、その1種類だけでも問題ないでしょう。

ちなみにラムネは、お客様が自分でビー玉のような蓋を瓶に落として開けるタイプのものなので、子供が開けられないときは、父親が代わりに開けてあげる等、親子でコミュニケーションをとる役割も果たしているといえます。

ジュース以外のソフトドリンク、たとえばウーロン茶などは、出ることは大変少ないのでメニューに入れていません。

お金に替わりにくい在庫は極力持たないほうがいいので、ソフトドリンク類は最低限にしておくことをおすすめします。

また、水は冷水器と、各テーブルやカウンターの数カ所にポットも設置しており、ポットの水も冷水器からとるようにしています。

アルコール類の導入について

ビールやチューハイ、ハイボールなどのお酒を販売したほうが、売上が上がりますので、販売したいと思う人も多いことでしょう。

しかし、お酒を販売するかどうかの判断は、慎重にしなければなりません。

なぜなら、車で来たお客様にお酒を提供し、そのお客様が事故を起こした場合、お店側も責任を問われることになるからです。

お客様が車で来ていることを知りつつお酒を提供し、そのお客様が車を運転して事故を起こした場合は、店側も幇助罪として罰せられることになるのです。

したがって、面倒なことに巻き込まれないためにも、もしこだわりがなく、どちらでもいいのであれば、田舎の郊外型のラーメン店の場合はお酒の販売はしないほうがいいと思います。

ノンアルコールビールであれば問題ありませんので、ノンアルコールビールだけにするという方法もあります。

どうしてもお酒を販売したい場合は、手間のかからないビールだけにとどめておくのが無難でしょう。

各種チューハイやハイボール、日本酒など、多種多様なお酒を販売してしまうと、作るのに時間がかかって作業効率が悪くなるからです。

実際、当店も瓶ビールだけに限定しています。

ただし、ビールだけを販売する場合でも、お酒を注文されたお客様には必ず「車で来ていないこと」を確認しなければなりません。

車で来ている場合は、運転代行の手配をするなどの対策が必要になります。

特に、郊外店はほぼ全員が車で来店されますので、お酒を出す場合は確認の回数はそれだけ多くなることを覚悟しておきましょう。

5 ラーメン店開業に必要な食材

ラーメン店を開業するために必要な食材を、ここでまとめてご紹介します。ラーメン作りだけでも、麺やスープの材料、具材など、さまざまな食材が必要になります。さらにドリンクやサイドメニューに応じて、食材を追加していくようにしましょう。

当店の場合は、次ページのような食材を仕入れています。

これらの食材を業者別に分けると、次のようになります。

・製麺業者・・・ラーメンの麺
・肉屋・・・・豚骨や鶏ガラ、豚肉など
・青果店・・・・野菜
・米屋・・・・・お米
・乾物屋・・・・・のりなど

仕入れ食材表

生鮮食品	加工食材	調味料	デザート・ドリンク
ゲンコツ	つけ麺用粉①	しょうゆ　濃口	ソフトクリームコーン
ロース骨	つけ麺用粉②	しょうゆ　淡口	ソフトクリームミックス粉
豚バラ	かんすい	お好みソース①	生ダル
豚ミンチ	全粒粉	お好みソース②	ノンアルコールビール
豚モモ	全卵粉	ウスターソース	バニラアイス
豚肩スライス	片栗粉	上白糖	瓶ビール(中瓶)
牛肉スライス	打ち粉	食塩	ラムネ
鶏ガラ	お好み焼き粉	ごま油	オレンジ
鶏モモ	中華麺	サラダ油	
鶏むね肉	餃子皮	みりん	
米	青のり	ラード	
スダチ	カットネギ	ラー油	
たまご	削り節	料理酒	
ニラ	国産昆布	酢	
にんにく	塩漬メンマ	スダチ酢	
白菜	高菜漬け	ねりがらし	
丸鶏	たくわん	はちみつ	
水菜	チーズ	マヨネーズ	
もやし	ボイルホタテ	おろしショウガ	
レッドオニオン	ホールトマト缶	おろしニンニク	
玉ねぎ	むきイカ	グルタミン酸	
	ムキエビ		
	焼きざみのり		

・食品問屋・・・調味料など
・酒屋・・・・アルコール類、ソフトドリンク類

業者探しのポイント

業者を選ぶ際のポイントは、**最初から1社に絞るのではなく、できれば複数の候補をピックアップし、その中から一番良さそうなところを選ぶ**ことです。

「良さそう」というのは、「商品の品質」だけでなく、「値段」や「フットワークの軽さ」といったことも重要な要素です。

同じ品質の商品なら値段は1円でも安いほうがいいので、できれば相見積もりを取ってみることをおすすめします。

「1円くらい」と思う人もいるかもしれませんが、1円の違いが積もり積もれば大きな金額になりますので、シビアに交渉しましょう。

また、電話したらすぐに商品を持ってきてくれるようなフットワークの軽い業者のほうが、いざというときに安心ですので、こういう点も確認してみましょう。

業者を見つけるには、インターネットで探す方法もありますが、地元で飲食店をやっている知り合いがいたら、その人に聞いてみる方法が確実です。

また、最近はラーメン店に必要なスープからかえしダレ、麺、具材、調味料までまとめて扱っている業務用ラーメン食材の通販サイトもありますので、そういう業者に頼むのも1つの方法です。

インターネットで「ラーメン食材販売」で検索すれば、いくつか出てきますので探してみてください。

6 値段のつけ方

値段のつけ方には「原価から逆算して決める方法」や「地域の相場に合わせる方法」、「地域で一番安い値段に設定する方法」、「あえて地域で一番高い値段に設定する方法」などいくつかの方法がありますが、私が初めて店長として1号店の移転オープンを行ったときは、「地域の相場に合わせる方法」で値段を決めていきました。

もともと1号店のときからラーメンの値段は決まっていましたので、何も考えずにそのまま踏襲するという選択肢もあったのですが、鳴門市から徳島市への移転であり、徳島市に初進出ということもあり、一応、近隣のラーメン店の相場を調べました。

私が行った調査方法は2つ。

1つは自分で食べに行って調べる方法です。実際、徳島市内のラーメン店を数店舗食べ歩きました。

もう1つは、製麺屋さんに聞くという方法です。当社が取引していた製麺屋さんは徳島県内のラーメン店に麺を卸していたので、自分が行ったことのないラーメン店の値段も知ることができました。聞けば教えてくれますので、ぜひ聞いたほうがいいでしょう。

この2つの方法で調査した結果、ラーメンの小盛（麺100g）がだいたい450円か460円だったので、450円に設定することにしました。

この小盛の値段をベースに並盛、大盛の値段も、相場に合わせて決めていきました。

ただ、チャーシューメンについては、プラス100円のお店が多かったのですが、当社の場合は原価の高い徳島県産の阿波ポークを使っていたので、プラス200円に設定しました。当時は私自身あまりよくわかっていなかったので、このような値段の決め方をしたわけですが、今だったらもう少し違う値段の決め方をしただろうと思います。具体的には、他店よりも高い値段にして、それに合わせた付加価値をつけるというやり方です。

というのは、実際に営業してみてわかったのですが、**値段を下げるのは簡単だけど、値段を上げるのは難しい**からです。

同じような商品を高い値段で売っていたら、お客様に逃げられてしまいますが、それなりの理由があれば、他店より高くてもお客様は来てくれます。

たとえば、トッピングで販売している100円の煮たまごを、最初からすべてにつけるメニュー設定にして、小盛（煮たまご付き）を540円にするといった具合です。そうすれば単価も上がるし、売上もアップするのです。

また最近、4号店では新メニューとして「エビつけ麺」というのを始めたのですが、これは1000円という強気の値段にしました。

東京では1000円のラーメンは珍しくはありませんが、徳島では1000円のラーメンはほとんどありませんので、私としてもちょっとした挑戦でした。

とはいえ、これは勝算があってのこと。なぜなら、このエビつけ麺は商品の価値だけでも1000円はあると思っていますし、よりプレミア感を出すために「1日10食限定」にしたからです。

この戦略が功を奏し、SNSで「3回目でやっと食べることができました！」という書き込みをしてくださるお客様も出たりして、口コミでも広まりつつあり、今のところ順調に売れています。

それ以外でも価格戦略の方法の1つとしてよく言われるのが、松竹梅の3種類のメニューを用意すると、真ん中の「竹」がよく出るようになるというものです。

実際、ラーメンは小盛、並盛、特盛の3種類を用意したことで、真ん中の並盛がよく出ています。

ただ、つけ麺については、今のところ普通の「つけ麺（780円）」と「つけ麺味玉付き（880円）」の2種類しかないので、普通のつけ麺のほうが多く出ているのが現状です。

そこで、もう1種類、煮たまごの他にチャーシューを加えた「肉玉つけ麺」を新たにメニュー化することを計画しています。

値引きは麻薬と同じ

私が1号店の移転オープンを機に初めて店長を任されたとき、4カ月目から売上が下がり続け、ピーク時の3分の1までいったという話は前にも書いたとおりですが、このときなんとかして売上を上げようと思い、クーポンを連発して頻繁にラーメンの値引きを行ったことがありました。

現在、ラーメンの値引きは会員さんの誕生日月に、どのメニューでも2品380円で食べられるというクーポン券を発行しているだけです。それ以外にはラーメン自体の値引きはしないようにしていますが、当時は値引き以外に売上を上げる方法が思いつかなかったので、頻繁に値引きをしていたのです。

その結果、どうなったのか？


確かに、売上は上がりました。しかし、クーポンの発行をやめると、すぐに売上が落ちたのです。

そこで、慌ててまたクーポンを発行する。すると、一時的に売上は上がる。しかし、やめると売上が下がる。この繰り返しでした。

さらに、クーポンを連発したことで、お客様の質も変わりました。それまで定価で食べてくださっていた常連さんの足が徐々に遠のきはじめ、クーポンがあるときだけ来るお客様の割合が高くなったのです。


よく「値引きは麻薬と同じで、一度やったらやめられない」と言われますが、私もまさにそうなりかけていました。

ただ、幸いにも会員集めがうまくいき、その会員さんたちに『三八新聞』というニュースレターを発行し、そこに再来店を促す仕掛けをすることで、なんとか麻薬中毒にならずにすんだのです。

もしあなたがラーメン店を開業し、売上が低迷してしまったとしても、**安易に値引きをすることだけは絶対に避けてほしい**と思います。

値引きを続けていると、お客様から信頼されなくなります。そして、一度失った信頼は、そう簡単には取り戻せないのです。

値引きに走るのではなく、会員を集めてニュースレターを発行したり、値段はそのままにしてラーメンの付加価値を高めることでお得感を演出したりといった方法で、ピンチを乗り切ってください。

第5章

田舎の販促活動

田舎の販促は都会とはまるで違う

1

チラシ・クーポンの活用法

チラシには必ず店主の出身学校名を入れる

お店をオープンした後、お客様に広く知っていただき、来店してもらうためには、広告や販促が欠かせません。これは競争の激しい都会のラーメン店はもちろんのこと、田舎のラーメン店であってもやらなければいけないことです。

具体的にまず広告で一番手軽にできるものといえばチラシでしょう。

今はネット印刷を利用すれば、かなり安く作れますので、チラシはぜひとも活用したい広告アイテムの1つといえます。

A4サイズのチラシなら1枚1円で印刷してくれるところもありますし、自分でコピー用紙にプリントすればもっと安く作ることも可能です。

ですので、少なくともオープンの際は必ずチラシを作成し、新聞折り込みに入れたり、ポスティングをしたりして、多くの人にオープンしたことを知ってもらう必要があります。そのチラシに割引券などをつければ、集客効果を高めることができます。

新聞折り込みの料金は、A4サイズのチラシ1枚につき約3～5円、ポスティングは4～8円しますので、コストをかけたくない場合は自分たちで手分けして配るといいでしょう。

チラシに載せる内容は、次のとおりです。

・店名
・営業時間
・定休日
・お店の住所
・お店の地図
・電話番号
・主なラーメンの価格
・店主のあいさつ文
・店主のプロフィール

・店主の顔写真

この中で重要なのが、**店主のあいさつ文とプロフィール**です。あいさつ文は、通り一遍のものではなく、「自分はなぜラーメン店を始めたのか?」「ラーメンにかける熱い思い」などを書くようにするといいでしょう。

文章の上手い下手は関係ありません。自分の思いを、自分の言葉で書くことが大事なのです。また、地元でラーメン店をオープンする場合は、必ずプロフィールに出身小学校や中学校、高校の名前を書くようにしましょう。

これを書くことで、同じ学校の先輩や後輩が親近感を持って食べに来てくれる確率がアップするからです。余談ですが、私がラーメン店を継いだときは、同窓の友人などの年賀状にも、帰ってきてラーメン店を継いだというアピール文を入れたりしました。

逆に、地元出身でない場合は、これらを書いてもあまり効果は期待できませんので、書かないほうがいいかもしれません。

他店のチラシをどんどん置こう！

また、田舎ならではのチラシ活用法として、自分の店に他の店のチラシを置いてあげる代わりに、他の店にも自分の店のチラシを置いてもらうという方法があります。

田舎では、友だちや先輩が飲食店をやっていたり、知り合いがスーパーやコンビニをやっていたりしますし、店の数も少ないので、店をやっている人と顔見知りになっていきやすいという利点があります。

ある程度の知り合いになれば、お願いすればたいてい協力してくれるはずです。

また、これは一方的なお願いではなく、お互いにとってメリットのあるものですので、話を持ちかけやすいと思います。

田舎のおじいちゃんおばあちゃんはネットクーポンが使えない

近年、再来店を促す販促の方法として、多くの店が導入しているのがネットクーポンです。

ネットクーポンとは、会員登録をすればクーポン券がメールで送られてくるというシステムで、最近はスマホにアプリをダウンロードすれば、クーポンが使えるという仕組みに移行しつつあります。

じつは、かつて当店でもこのネットクーポンの仕組みを導入しようとしたことがありました。

しかし、検討した結果、ネットクーポンは導入せずに、従来どおり紙のクーポン券でいくことにしました。

なぜかというと、田舎のおじいちゃんおばあちゃんは、ネットクーポンが使えないからです。田舎の場合、都会に比べるとお年寄りの割合が高くなっています。だから、その人たちが使えないシステムを導入してしまうと、お客様の数が減ってしまいかねないのです。

したがって、都会で流行っているからといって安易にネットクーポンを導入してしまうと、売上が増えるどころか、減る結果になりかねません。

導入するのであれば、完全にデジタルに移行してしまうのではなく、アナログと併用するようにしたほうがいいでしょう。

2 近隣の利用を促すために

オープンする前に近隣住民の皆さんを招待する

当社が以前、黒崎店をオープンしたときは、正式オープンの前のプレオープンに合わせてチラシを作成しました。

具体的には、プレオープンの約1週間前にチラシを作成し、それに「ラーメン1杯100円」の特別優待券をつけて、半径5キロ圏内（車で5分程度の距離）にある家庭に500枚ほどポスティングをしたのです。

また、パートやアルバイトの人にもお願いし、知り合いや友だちにチラシと優待券を100枚ほど配ってもらいました。

こうして合計600枚配った結果、3日間で予定していた数（約300人）を集客することができました。

さらに、プレオープンに来てくれたお客様に、期間限定（1カ月以内）の餃子無料券などを渡すことで、再来店のきっかけを作るようにしました。これを渡すと渡さないとでは、リピート率がかなり変わりますので、必ず渡すようにしてください。

じつは、このプレオープンには、これから常連さんになってくれるお客様を集める目的の他に、もう1つ目的があります。

それは、お店のオペレーションがうまくできるかどうかをチェックすることです。

・ラーメンはちゃんと作れたか？
・注文が来てから提供するまでの時間は10分以内だったか？
・パートやアルバイトがいる場合、その接客態度はどうだったか？

こうしたことをチェックし、できていないところを改善して本番のオープンに臨むのです。

そのため、黒崎店はプレオープン期間の営業時間は、昼は11時～13時、夕方は18時～20時に限定しました。

正式にオープンしてから失態があっては、お客様の信用を失ってしまいます。しかし、プレオープン期間であれば、ちょっとした失敗があってもお客様は許してくれます。

ですので、もしあなたがお店をオープンする場合は、いきなり正式オープンするのではなく、プレオープン期間を設けることをおすすめします。

地元の商工会議所や青年会議所は入ったほうがいい

田舎でラーメン店を開業する場合、ぜひおすすめしたいことがあります。

それは**地元の商工会議所や商工会、青年会議所には、入ったほうがいい**ということです。

じつは、これらの団体に飲食店の店主が入っていることはそれほど多くはありません。というのも商工会の主な活動が夜なので、飲食店ではディナータイムと重なりがちで、活動に参加している暇はないからです。

しかし、私はあえて青年会議所と商工会議所に入りました。しかも、自宅がある徳島市と、会社がある鳴門市の両方にです。

その結果、会員の方々が会議の後に皆さんでラーメンを食べに来てくださったり、何かあると自分たちのお客様に当店をすすめてくださったりしたのです。

なかでも、地元のホテルの社長やタクシー会社の社長が、お客様にすすめてくださったことは非常に大きなメリットだったと思います。

創業したばかりのころというのは、集客に苦労するものです。

そんなとき、このような応援団がいると心強いと思いますので、商工会議所や商工会や青年会議所には入ることをおすすめします。


また、交流会やまちづくりイベントにも積極的に参加するようにし、他の会社社長や自営業者の方と一緒に、「徳島を面白くしよう」という共通目的の下、任意団体を作ったりもしました。団体の役職も、大変ですが、できる限り引き受けることをおすすめします。

すぐ商売につながらない場合でも、回りまわって思わぬところで利益につながっていくことがありますし、イベントによっては企業の社長が何百人もいて、マスコミ関係者を紹介してもらうことなどもありました。

3 リピーター作りも積極的に

ニュースレターでお客様を囲い込め!

お店の売上を増やすには、初めて来店したお客様にリピーターになってもらうことが重要です。世の中には色々なお店がありますので、何もせずに放っておくと、あなたのお店はお客様の記憶の中から消えてしまいます。

実際、お客様が「今日は外食しようかな」と思ったときに、上位3位以内に浮かんでくる店でないと、その人がその店のリピーターや常連になる可能性は低いそうです。

そのための方策として、ニュースレターが役に立ちます。ニュースレターとは、お客様に送るお店の新聞のようなものであり、ダイレクトメールと違って、商品の売り込みが目的ではなく、お客様とのコミュニケーションが目的です。

したがって、ニュースレターに書く内容は、お客様の利益になるようなお役立ち情報や、イベント情報、店長やスタッフの紹介、新メニューの紹介などがメインになります。

このニュースレターを月に1回くらいのペースで定期的に送ることによって、お客様との接触回数が増え、お店やスタッフのことを身近に感じてもらえるようになります。

そして、いざ外食というときに、お店のことを思い出してもらえるようになるのです。

ニュースレターの反応率は30％以上

当社は『三八新聞』という名前のＡ４サイズ両面に印刷されたニュースレターを２００８年から発行して、10年になります。

お客様の中で会員登録してくださった方に毎月送っているのですが、最初は２００人だったのが、今では２５００世帯（会員数は４０００人）にお届けするまでになっています。

会員を集めるために当社がやった方法は、「求む！　お客様の声」と書いた用紙をテーブルやカウンターに置いておいたことです。

用紙は、文章が書きやすいように線を引いたものと、線のない白紙のものの2種類を用意しました。なぜ、白紙のものも用意したかというと、ラーメンを待っている間、子供たちが

「求む！　お客様の声」の用紙と実際のコメント

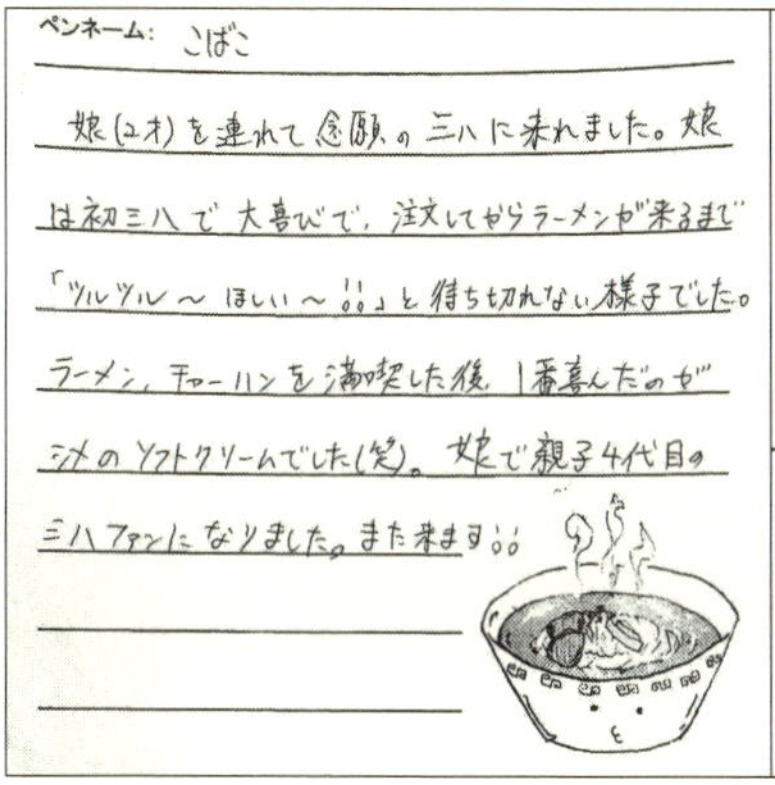
ペンネーム：こばこ

娘（1才）を連れて念願の三八に来れました。娘は初三八で大喜びで、注文してからラーメンが来るまで「ツルツル～ほしい～!!」と待ち切れない様子でした。ラーメン、チャーハンを満喫した後、1番喜んだのがシメのソフトクリームでした（笑）。娘で親子4代目の三八ファンになりました。また来ます!!

求む！「お客さまの声」！

ペンネーム：

キリトリ

ご来店日時	生年月日
月　日　時頃	年　月　日
お名前（ふりがな）	e-mail
住所 〒	
三八からの割引情報等を送付してもかまいませんか？	
はい・いいえ・毎月もらっています！！	

求む！「お客さまの声」！

ペンネーム：

キリトリ

ご来店日時	生年月日
月　日　時頃	年　月　日
お名前（ふりがな）	e-mail
住所 〒	
三八からの割引情報等を送付してもかまいませんか？	
はい・いいえ・毎月もらっています！！	

記入用紙は、線が入っているものと無地がある。
キリトリ欄の上部を店内やSNSに掲載。

退屈しないように、自由に絵を描いたりできるようにするためです。

そして、用紙の下に「ご来店日時」「生年月日」「お名前」「メールアドレス」「住所」を書く欄を設け、さらに「三八からの割引情報等を送付してもかまいませんか?」という質問に「はい」か「いいえ」で答えてもらい、ニュースレター送付の許可を取るようにしました。


この用紙作戦、最初のうちはカウンターやテーブルにただ置いておくだけだったので、なかなか会員が集まらなかったのですが、スタッフから声をかけてお願いするようにしたり、イラストやコメントをお店の壁に貼り出すようにしたことで、徐々に集まり始めたのです。

また、書いてくれた人に、その場で使える「ソフトクリーム無料券」をプレゼントするようになってからは、人数が急激に増えていきました。

今思えば、最初から何かプレゼントをあげるようにしておけば、もっと早く集まったのではないかと思います。


なお、当社では会員になってくださったお客様への感謝の意味を込めて、ニュースレターと一緒に「餃子無料券」や「ソフトクリーム無料券」などを同封しています。

それらが使用される割合は毎月30%以上あるので、この『三八新聞』は再来店のきっかけ作りとしては大きな効果を発揮しているといえます。

ニュースレターは都会でも田舎でも、実施しているお店はまだまだ少数ですので、発行すれば精読率は高くなります。実際、お客様から「三八新聞、読んだよ」「毎月楽しみにしているよ」といった声をかけられることが多々あります。

今ではニュースレターの印刷代と郵送代だけで毎月30万円以上かかるようになりましたが、それ以上のリターンはありますので、あなたもお店をオープンしたら、ぜひやってみてください。

手間とコストはかかりますが、必ず「やっていてよかった！」と思う日が来るはずです。

ニュースレター「三八新聞」（オモテ）

2018年7月号

三代目モトくんの

三八新聞

さんばしんぶん vol.126

三代目モトくんこと"岡田元一"プロフィール

ゆうメール
料金後納郵便

還付先：三八田宮店

この新聞を始めるにあたり

今月の三代目通信

ども～!!三代目ことモトくんです!今年も半年が終わり、早くも7月!ちょっと前まで、寒い寒い書いていたのに、今は…暑いですね!いや～暑い!とは言え、これから夏本番!まだまだ暑くなるんでしょうね…。夏の飲食物と言えば、、そーめん、ビール、麦茶、冷やし中華、スイカ、アイスクリーム、かき氷…と、かなり個人的な見解ではありますが、だいたい冷たいものを欲しますよね～!で、ちょっと質問なのですが、読者の皆様は、暑い時ってラーメン食べたくなりますか?それとも暑いからラーメン食べたくなくなりますか?僕は、暑い時には「やっぱり汗流して暑い時に熱いもの食べるの良いよね!」と言い、寒い時には「これだけ寒いと、温かいもの食べたくなるよね!」と言います。季節関係なくラーメンを食べているような人間です。三八で最もお客さんが多い月はいつだと思いますか?一般の方々は、寒い時にラーメンを食べるのか?それとも暑い時にラーメンを食べるのか?正解は「8月」です。徳島では当たり前と言えば当たり前なんですが、そう、阿波踊りのある8月が最も、お客さんにラーメンを食べていただいております。ちなみに、その次に多いのは9月、その次が3月なんです。逆に、一番少ないのは6月、そして次に少ないのが11月。で、結論を言いますと、暑い寒いというよりは、休日数や、お子様の長期休みなどの影響が大きいみたいです。なので、ラーメン好きな人は、暑くても寒くても関係なく、ラーメンが好きと言うことです（笑）と、言うことで、ラーメン好きの皆様は、今年の夏も、暑さを吹き飛ばす勢いでラーメンを食べて、ラーメン活動に邁進してくださいね^^

三八NEWS　出張三八やってます!

三八は国内外様々な場所に出張販売いたしております。この前は、大阪駅の前の広場で開催された、四国の日本酒のイベントに出店。また、昨年は台湾で開催された物産展に出店。と、このように大きな団体が主催のイベントもあれば、地元の幼稚園や介護施設の夏祭り、企業の社内行事などにも出店しております。また、場所も、日本一人口の少ない山奥の村にも足を運びました。

ご用命あれば連絡くださいね!あなたのもとに三八が参ります!!

※条件により承れない場合もございますので、まずはご相談ください。

★ポイントカードご利用のご注意★

ポイントカードをお持ちでない方はお申し出ください。

●1年間ご利用のないお客様には配信を停止させていただいております。

●ご来店の際はポイントカードをお出しください。

ご来店の際は、ポイントカードをご利用くださいませ。

また、ポイントカードを紛失された場合は、スタッフにお声かけいただきましたら、ポイントカードを再発行させていただきます。

※ポイントカードの再発行には、再発行料金として100円いただいております。

裏面も見てね↓↓↓　裏面も見てね↓↓↓　裏面も見てね↓↓↓

（ウラ）

三八ファン通信

店舗備え付けのお客様の声用紙からピックアップ！

《お客様の声メッセージ部門》

賞 今月のやる気の出た一言賞

こへまろ

母の日にラーメンを食べに来ました。子供たちはまだ母の日をよく分かっていないけど、おいいそうに食べてくれて、私も嬉しいです。いつもごちそう様です。

バンビちゃん

先週３日間、熱を出して、ご飯も食べられず元気がなかった６歳の息子。もうすっかり元気になったので、三八のラーメン＆チャーハンを食べにやってきました。ほぼ１カ月ぶり。何度食べてもおいしーい。三八の料理。※毎朝、三八のアプリをひらいてポイントをゲットするのが日課になっています。

ヤッチャン

久しぶりにやってきました。三八のラーメンは、やさしい味がします。くどくもなくあっさりしているわけでもなく、おいしい味がします。スタッフの人もテキパキとしていてやさしい人ばかりで、みていても感じがいいです。次は孫も連れてきます。今日は主人と息子の三人できました。「いらっしゃいませ」が気持ちいいですネ。

三好市

遠路はるばるやってきました。ラーメンを食べたくて！西の方にも三八をオープンさせてほしいです。毎日でも食べれます。三八のラーメンをずっと食べてもいけます！！

きむらや

辛ヌードル肉入り大盛を注文させていただきました。店員さんの接客もよく、ラーメンへの期待も高まります。最初に出た言葉が『うめぇ』でした。また徳島に来たときはぜひいかせていただきます。ごちそうさまでした！！

《絵画部門》

賞 今月の三八画廊 最優秀賞

ペンネーム： のんのん

★三八審査員の講評

一見、カワイイ普通の絵だと思うでしょ！？実は、この絵のサイズA4以上の大きさ！そのアピール力に心動かされました♪よって今月はコレ！ありがとう～これからも楽しみにしています！！

三代目モトくんの 三八新聞《さんぱしんぶん》

上記の賞を掲載された方は「食券くじ引き」1回チャレンジの権利をプレゼントします！！どうぞお店まで来て名乗り出て、引いていってください(・ω・)v

三八を支えるスタッフ紹介

金田玲奈(かねだれいな)高校1年です。趣味は、食べること！(笑)笑うこと！(笑)

三八で働けて良かった事は、母が三八で働いて居て、中学1年生の時から三八で働く事が夢で、願いが叶い、メチャクチャ楽しく仕事をしてます！

黒崎店に居るので是非、黒崎店に来て下さいね(*^^*)

三八NEWS

三八では、お得な「食券くじ引き」を開催中!!

※三八新聞同封のクーポン券に記載しています「抽選番号」が、店舗内に掲示しております当選番号に記載されており、見事当選をされた方は、店舗にて【食券くじ引き】を引いていただけます!!食券くじ引きを引かれる際は、当選した「番号券」をスタッフにお渡しください。その場で食券の入った箱からくじを引くことができます。獲得されました食券は次回ご来店時にお使いください。

また、誕生月の方にはお誕生日カードをプレゼントさせていただき、そのカードを持参された方には380円で「肉大、肉小、大、小、餃子、炒飯、ソフト、ジュース」から好きなものを2品選んでいただけます!!

★店舗情報★

田宮店
◎住所
徳島市北田宮2-467
（JR徳島駅から車で約10分）
◎電話番号
088-633-6938
◎営業時間
10：30～21：00
（売切次第終了）

斉田店
◎住所
鳴門市撫養町斎田岩崎56-1
（ＪＲ鳴門駅から車で2分）
◎電話番号
088-685-2333
◎営業時間
11:00～21:00
（ラストオーダー20：30）
（売切次第終了）

黒崎店
◎住所
鳴門市撫養町黒崎松島157
（ＪＲ鳴門駅から車で約３分）
◎電話番号
088-685-7680
◎営業時間
11：00～22：30
（土日祝は10：30開店です。）
（金土祝は23：30閉店です。）
（ラストオーダーは閉店の30分前の時間になります。）
（売切次第修了）

三八製麺所はじめ
◎住所
徳島市元町1-24 アミコビル1階
（JR徳島駅から徒歩約3分）
◎電話番号
088-678-6538
◎営業時間
11：00～21：00
（売切次第終了）

【全店舗共通】
定休日：毎週火曜日、月1回月曜日（不定休）

7月カレンダー

日	月	火	水	木	金	土
						1
2	3	4 定休日	5	6	7	8
9	10 定休日	11 定休日	12	13	14	15
16	17	18 定休日	19	20	21	22
23 30	24 31	25 定休日	26	27	28	29

還付先：三八田宮店

「ほっめいし」でお客様にファンになってもらう

田舎のお店は、お客様とのコミュニケーションがとても大事です。お客様と仲良くなるために当社が最近導入し、すごい効果を上げているツールがあります。

それが「ほっめいし」です。

「ほっめいし」とは「ほめる名刺」の略称で、一般財団法人ほめ育財団の原邦雄代表理事が考案した名刺サイズのカードのことです（写真参照）。

これは通常の名刺と違って、表面に「相手の名前」「日付」を記入し、「素敵だね・すごいね・ありがとう」のいずれかにチェックを入れた上で、その内容を書いて相手に渡すという使い方をします。そして、裏面には自分の「名前」と「店の連絡先」を書いておきます。

この「ほっめいし」は当初、店長と従業員との関係を良くしたり、従業員同士のコミュニケーションを良くしたり、従業員のモチベーションをアップしたりする目的で導入しました。

そこでかなりの効果が出たので、現在は渡す相手をお客様にまで拡大し、お客様とのコミュニケーションを図るためのツールとして活用しています。

ほめられてうれしくない人はいませんし、店のスタッフから、こんな名刺をもらうことは滅多にありませんので、もらったお客様は驚きながらも喜んでくれます。そして、そこに書かれたメッセージを読んで、そのスタッフのファンになってくれたりするのです。

もちろん、渡すほうのスタッフは、お客様に意識を向けていないとメッセージが書けません。この「ほっめいし」を導入してから、スタッフたちはお客様の良いところを見つけようという目でお客様を見るようになりました。

また、お客様に対する「ありがとう」のメッセージを書くことによって、お客様への感謝の気持ちがより強くなったと思います。

さらに、この「ほっめいし」を渡したことがきっかけで、そのお客様との距離が縮まり、次回来店されたときはお客様の方から声をかけてもらえるス

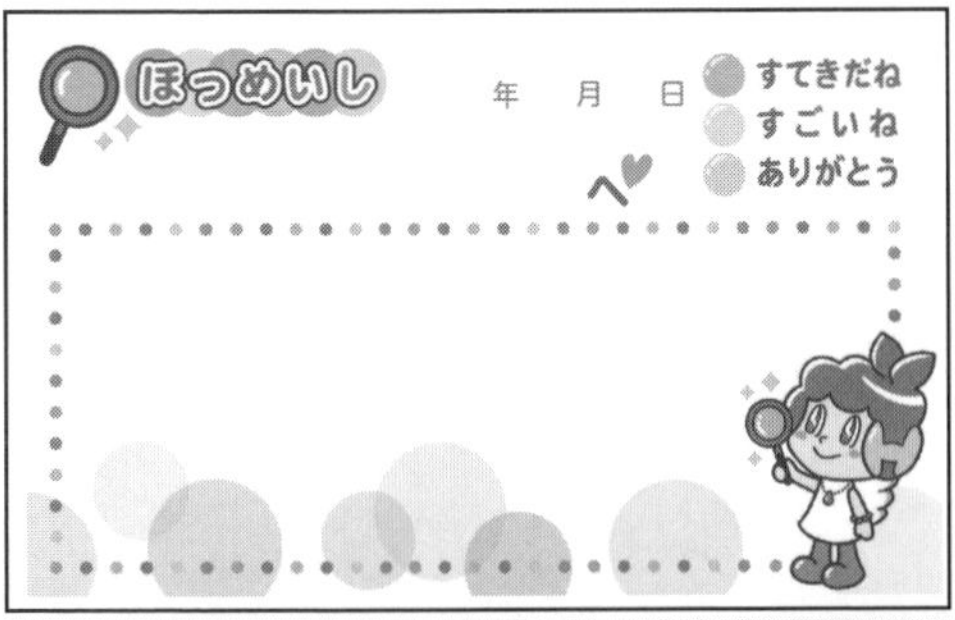

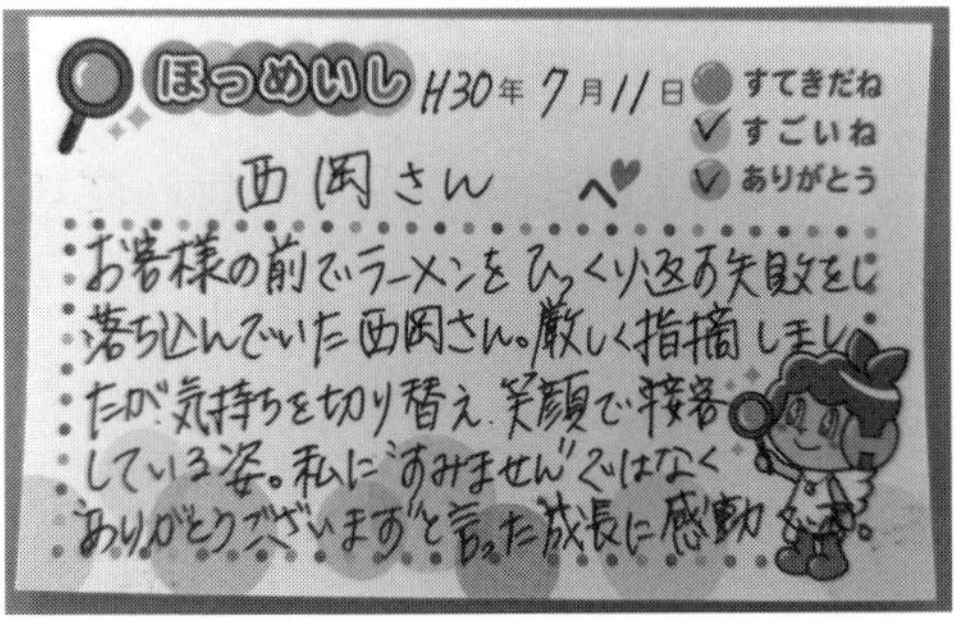

タッフも増えてきました。

この「ほっめいし」を導入したことによって、お客様とスタッフとのコミュニケーションが格段に良くなりました。

コミュニケーションが苦手な人は、このようなツールを使うとコミュニケーションのきっかけが作れますので、ぜひ試してみてください。

4 小さなイベントや誕生日特典も集客効果あり！

お客様に来店してもらうためのきっかけ作りとしては、店内のミニイベントも効果があります。

たとえば、当店では定期的に「じゃんけん大会」を開催していますが、毎回盛り上がりますし、「ポイント2倍デー」も地味ですが、それを目当てに来店してくださるお客様もたくさんいます。

また、毎年クリスマス時期には「サンパクロースまつり」と題したイベントを開催しています。これは小学生以下のお子さんを対象に、お菓子のつかみどりや、食券が当たるくじ引きなどを行うものです。

さらに、もう少し大がかりなイベントとしては、「三八製麺所『はじめ』1周年感謝祭」「田宮店10周年大感謝祭」といった周年イベントや、「三八の日スタンプラリー」といったイベントも開催しています。

このようなイベントはアイデア次第でいくらでも企画することができます。

特に、田舎の場合は小さなお子様向けのイベントを開催すると、ご両親からおじいちゃんおばあちゃんまで家族みんなで来店してくれるので、何倍もの集客効果が期待できるのです。

誕生日月は380円で好きなラーメンを2杯食べられる

毎月送っているニュースレターに「餃子無料券」や「アイスクリーム無料券」などを同封していると書きましたが、値引きの項目で触れたように、誕生日の月は380円で好きなメニューが2品食べられるサービス券も同封しています。

たとえば、当店の人気メニューの「支那そば肉入り大盛900円」を2杯食べても380円ですむので、1420円も得することになります。

なかには1人で来てラーメンを2杯食べていく人もいますが、そういう人は少数派。多くの場合は、家族みんなでやって来て、このサービス券を使って1人分をタダにするというパターンです。

ちなみに、このサービス券の使用率はほぼ100%。6人家族の場合、家族全員が会員登録していれば、年に6回このサービス券が届くことになりますので、その一家は最低でも年に6回は来店してくれるという計算が成り立つのです。

毎月ニュースレターを発送する際、誕生日月のお客様だけにこのサービス券を入れるようにしているのですが、手作業で行っているため、たまに入れ忘れてしまうことがあります。するとすぐに「お誕生日の券、入ってないんですけど」といったクレームの電話がかかってきます。私としては、そんなクレームの電話も「そこまで楽しみにしてくださっているのか！」とうれしく感じてしまいます。

「無料券やサービス券は利益が減るのでやりたくない」と思っている人もいるかもしれません。

しかし、**お客様が来てくれなければ、売上はゼロですし、仕入れた食材が無駄になってしまいますので、利益はゼロどころかマイナスになってしまいます。**いくら利益率の高いメニューを用意したとしても、お客様が来なければ、その利益は「絵に描いた餅」なのです。

無料券やサービス券には、お客様に対する感謝の気持ちという側面もありますが、本音を言えば、来店してもらうためのきっかけ作りでもあります。このサービス券のような強力な来店動機になるものも、ときには必要なのです。

5 話題の少ない田舎ではマスコミをうまく利用しよう

2章で触れたように、田舎はニュースが少ないので、少し変わったことをするだけで、地元の新聞・雑誌・テレビ・ラジオなどのマスコミに取り上げられる確率が上がります。マスコミに広告を出す場合はお金がかかりますが、記事やニュースとして取り上げてもらえれば、お金は1円もかかりませんので、これを利用しない手はありません。

では、何をすれば、マスコミに取り上げてもらえるのか？

それにはいくつかの方法がありますが、一番簡単にできるのは、**メガ盛りメニューを作る**ことでしょう。

たとえば、富士山のように盛られている「富士山ラーメン」とか、1キロの麺が入っている「1キロつけ麺」、5合のご飯を使った「5合チャーハン」といったものです。

このようなメガ盛りメニューは話題になりやすく、マスコミに取り上げられる確率も高いといえるでしょう。

また、「1日5食限定」といった数量限定メニューや、「夜だけ」「夏だけ」といった期間限定メニューも、効果が期待できます。

さらに、**地元の特産品を使ったメニューを開発する**と、取り上げられやすくなります。

私の店では地元の名産品であるレンコンを使ったレンコンチャーハンを開発したことで「徳島新聞」に取り上げられましたし、地元のイチゴを使った「朝摘み苺プレート」は、地元の四国放送の「ゴジカル」というローカル情報番組で紹介されました。

徳島の伝統工芸品である「大谷焼」のラーメン鉢に、徳島のソウルフードである「徳島ラーメン」を入れるというコラボ企画を行ったときは、四国放送のニュース番組「フォーカス徳島」で紹介された他、なんと全国放送の日本テレビ「NEWS ZERO」でも紹介されました。

他にも、地元のタウン誌などでは、「子供に優しいお店特集」「デザートがおいしいお店特集」「カワイイ子がいるお店特集」「イケメンがいるお店特集」といった企画が定期的に組まれています。

ですので、**自分の地元のマスコミではどんな特集がよく組まれているのかをチェックして**

おき、その特集で取材されるような準備をしておけば、取材される確率はかなり高くなります。ぜひチャレンジしてみてください。

なお、マスコミに知らせる方法はプレスリリースが一般的ですが、マスコミ関係者に知り合いがいる場合はその人に直接連絡するといいでしょう。

6 田舎のラーメン店に合うネット活用法

ホームページは必要ない

ホームページについては、なくても大丈夫です。自分で作れるのであれば作ってもいいと思いますが、業者に高いお金を払って作ってもらわなければいけない状況であれば、儲かるようになってからでも大丈夫でしょう。

なぜなら、ホームページを作って情報を公開していても、それほど集客効果は期待できないからです。ちなみに、ホームページの制作料金はトップページが10〜20万円で、それ以外のページは1ページ当たり3〜5万円くらいです。

一方的な情報発信だけであれば、「食べログ」などの飲食店紹介サイトに登録しておけば、それで十分だと思いますが、**どうしてもホームページを作りたい場合は、スマホ対応のホームページにする**ことをおすすめします。

じつは当社は6年前に業者さんに頼んでホームページを作ったのですが、スマホ対応ではなかったため、現在、当社のホームページはスマホではすごく見にくい状態になっています。

SNSのすすめ

ホームページよりも、私がおすすめしたいのはSNSです。無料でできるブログやツイッター、フェイスブック、インスタグラムなど、色々なSNSがありますので、自分が一番使いやすいものから始めるといいでしょう。ちなみに、当社は現在、フェイスブックとインスタグラムに力を入れています。

SNSの目的は、お店の情報発信というよりも、お店や店主、店員のファン作りです。そのためにも、**できるだけ毎日何らかの情報を発信すること**をおすすめします。

SNSで発信する内容は、新メニューや人気メニューの情報だけでなく、できるだけ店主の人となりがわかる情報を発信することです。

具体的には、ラーメンに対する考え方だったり、仕事に対する考え方だったり、趣味の話だったりといったことです。他にも、スタッフ紹介ということで、本人の許可が得られれば写真をアップするのもいいでしょう。

ＳＮＳはフォロワー数（読者数）を増やさないとメディアとしての影響力がありません。フォロワーが１００人のＳＮＳより１０００人のＳＮＳのほうが影響力が大きいことは、容易に想像できるでしょう。

当然、更新されていないＳＮＳより、毎日更新されているＳＮＳのほうがフォローしてもらえる確率が上がります。

ＳＮＳのフォロワーを増やすには？

ＳＮＳのフォロワー数を増やす早道としては、お店に来てくれたお客様にフォローしてもらうことです。

そのために、当店では、フォローしてくれたお客様には煮たまごをプレゼントするといったこともやっていました。

さらに、お店に来てくれたことのない人にフォローしてもらう方法として、私が実際にやっているのは、「徳島ラーメングラム」という名前のインスタグラムです。

お店のアカウントと別に立ち上げて、徳島ラーメンに関する情報を発信しています。当然、他のラーメン店の情報も紹介しますが、これによって徳島ラーメンに興味のある人を集め、その流れで当店にも食べに来てもらおうという狙いです。

ただ、最初のうちは、ラーメン情報だけでなく、徳島の観光情報をアップしたりして、フォロワーを増やしていました。

その甲斐あって、現在このインスタグラムのフォロワーは5300人まで増えました。

SNSは時間のかかる地道な作業ですが、継続すれば必ず結果がついてきて、影響力のあるメディアに育っていきますので、ぜひやってみてください。

インスタ映えするメニューを開発し、マスコミで取り上げられる

「インスタ映え」という言葉が2017年の流行語大賞になったことは記憶に新しいところですが、当店でもこのインスタ映えを意識した新メニューを昨年、発売しました。

それが「阿波地獄エビつけ麺」です（写真参照）。

このつけ麺はご覧のとおり、えびの大きな頭が麺の上にどかんと載っているのでインパクトがあり、まさに「インスタ映えする」とのことで、多くのお客様がSNSに写真をアップしてくれたのです。

その結果、この「阿波地獄エビつけ麺」は一人歩きしていき、地元のテレビ局の目に留ま

って取材されることになったのでした。

ＳＮＳを上手に使いこなせば、このようなことも起こりますので、ぜひチャレンジしてみてください。

第6章

店舗運営

1 優秀なスタッフを採用するコツ

小さいラーメン店であっても、営業時間を長く設定していたり店が軌道に乗ってきたり、また、はじめから、ある程度の規模の店を開店させようと思ったときに、重要になるのがスタッフの採用です。

ところが現実は、飲食店のパート・アルバイトの募集は需要過多で、どの店も苦労しているという話をよく耳にします。ここではどのようにして、優秀なスタッフを採用するかのコツを説明してきます。

履歴書でチェックすべき3つのポイント

田舎のラーメン店が成功するかどうかのカギを握っているのは「人」であるということは、前にも書いたとおりで、いいスタッフが長く続くほうが、常連さんがついて、長く通ってくれる可能性が高くなります。そこで、できるだけコミュニケーション能力が高く、優秀なスタッフを採用することが大切になります。

当社で実際に面接をする際にチェックしているポイントがいくつかありますので、参考までに紹介しておきましょう。

まず、履歴書でチェックするのは次の3点です。

①写真はきちんと貼ってあるか?

写真が貼っていないのは論外。写真のサイズが違っていたり、曲がっていたりするのもNGです。

②丁寧な文字で書かれているか?

殴り書きのような読めない字で書かれているものはNG。字が上手ではなくてもいいので、相手が読みやすいように丁寧に書かれていればOKです。

③すべての項目がきちんと書かれているか?

志望動機を書いていない人や空欄の多い人は、やる気がないのでは、と思ってしまいます。

履歴書の写真の印象が良い人、丁寧な文字ですべての項目をきちんと書いている人は、実際に会ってみても好感が持てることが多いです。

面接でチェックすべき11のポイント

次に、面接の際の主なチェック項目を記していきます。

①車や自転車で来た場合、どこにとめているか？

気の利かない人は入口の近くにとめ、気の利く人はお客様の邪魔にならないよう、入口から一番遠くにとめます。

②3分前には着いているか？

時間にルーズな人は、雇ってからも苦労することになりますので避けたほうがいいです。

③挨拶はきちんとできるか？

④身だしなみはきちんとしているか？

⑤爪はきちんと切っているか？

飲食店なので、必要なことですし、このような気遣いができる人は、実際に清潔感もあり、仕事の上でも力を発揮してくれます。

⑥目を見て、堂々と話しているか？

⑦ハキハキとした受け答えができているか？

⑥⑦ができている人は、一定ラインのコミュニケーション能力を持っていて安心です。

⑧話していて楽しいか？

こういう雰囲気を持った人は貴重です。

⑨愛嬌はあるか？

美人よりも愛嬌のある女性のほうがお客様に好かれます。

⑩部活動は何をやっているか？　いたか？

個人競技ではなく、団体競技をしている人のほうが、他のスタッフともうまくやっていけます。また、現役の高校生で部活に入っている子は、自分が高校を卒業してアルバイトを辞めるとき、後輩を紹介してくれます。

⑪帰り際に振り返っておじぎをするか？

面接が終わるとホッとして、おじぎをせずに帰る人がいますが、最後まできちんとできることが大事です。

以上の11項目をチェックすれば、だいたい外れることはありません。

誰でもいいからとりあえず採用するというスタンスで採用してしまうと、後で悔やむことになりかねませんので、採用は慎重に行うようにしましょう。

採用面接で聞いてはいけない質問

採用面接を担当したことがない人にとっては、面接で聞いてはいけない質問があるということは意外に思うかもしれません。

しかし、じつは法律等で定められているのです。それは次の11項目になります。

【本人に責任のない事項】

①本籍・出生地に関すること

②家族に関すること（職業・続柄・健康・地位・学歴・収入・資産など）

③住宅状況に関すること（間取り・部屋数・住宅の種類・近隣の施設など）

④生活環境・家庭環境などに関すること

【本来自由であるべき事項】

⑤宗教に関すること

⑥支持政党に関すること

⑦人生観・生活信条などに関すること
⑧尊敬する人物に関すること
⑨思想に関すること
⑩労働組合（加入状況や活動歴など）、学生運動などの社会運動に関すること
⑪購読新聞・雑誌・愛読書などに関すること

これらの項目の中には、うっかり聞いてしまいそうなものもありますので注意しましょう。

スタッフの求人広告にはこれを書け！

良いスタッフを採用するためには、良い人材にたくさん応募してきてもらわなければなりません。そのためには、**応募者が不安に思わず応募できるよう求人広告を工夫する**必要があります。

そこで、当社では必ず求人広告に、実際にお店で働いているスタッフの写真を載せるようにしています。そのことによって、「どんな人と一緒に働くことになるのか？」という不安を解消できるのです。

また、お店の近くに大学があって、そこの学生を採りたい場合は、「○○大学の先輩がたくさん働いています」という一文を入れることによって、安心感を与えるようにしています。

さらに、応募者の不安を解消するという意味では、「週1回からでもOK」とか「1日3時間でもOK」ということも明記するようにしています。

求人広告以外では、店内に「パート・アルバイト募集」の貼り紙をするのも意外と効果があります。なぜなら、当社のラーメンが好き、お店のことが好きというお客様が応募してきてくれるからです。求人広告はお金がかかりますが、店内掲示はお金がかかりませんので、試してみる価値はあると思います。

また最近は、完全無料の求人サイトや、成果報酬型の求人サイトも出てきましたので、そういうサイトを使うのもいいでしょう。

ちなみに、成果報酬型には「採用課金型」と「応募課金型」の2種類があります。

採用課金型は採用が決定するまで一切費用がかからず、採用が決まったら1人につき1万円~10万円を支払うものです。

一方、応募課金型は応募が発生した時点で費用を支払うもので、1人当たり数千円~2万円が相場となっています。

スタッフに長く続けてもらうために

5年くらい前までは、求人広告を1回出せば10人くらいの応募がありましたが、最近はその数がどんどん減ってきて、コストパフォーマンスが悪くなってきました。

そこで近年、当社が力を入れているのが**「紹介による採用」**です。

これはアルバイトの学生が学校を卒業して辞める場合は後輩を紹介してもらうとか、パートの主婦が辞める場合はお友だちを紹介してもらうという方法で、強制ではないのですが、みなさん快く紹介してくれます。

その理由は、良い職場環境が整ってきたからだと思います。自分が今の職場に満足していなければ人には薦めないけれど、自分が満足していれば人に薦めてくれるのです。

そのために、当社では以前から職場環境を良くするためのさまざまな取り組みを行ってきました。

その1つが、お店を閉めた後に行う飲み会です。スタッフ同士の懇親を深めてもらうことが目的ですが、ただ飲んで騒いで終わりというだけではなく、毎回テーマを設けて行うようにしています。

たとえば、「全員がじっくり自己紹介をする」とか、「自分の夢や目標を語る」というように、お互いのことを理解し合えるような工夫をしています。

最初のころは店長が音頭を取って行っていましたが、最近はスタッフが自主的に行うようになりました。

また、スタッフ間のトラブルを防止するために、**スタッフ同士でお金の貸し借りはしないように**徹底しています。その代わり、「どうしてもお金が必要なときは私に言って。なんとかできるものは、なんとかするから」と言っています。

さらに、スタッフ間で何かもめごとがあった場合は、必ず店長が両者の言い分をじっくり聞いてから仲裁に入るようにするなど、できるだけ禍根を残さないよう努力しています。

2 衛生管理に気を配る

その日の汚れはその日のうちに！

ラーメン店を開業した後、店内を清潔に保つには日々の清掃が重要です。

店の衛生基準は**「一番意識の低い人でも、この項目を行えば、大丈夫」**というものを作りました。というのは、それぞれのスタッフの気づきに任せる部分があると、もし他の人がキレイにしてくれるところでも、1人がだめなだけで印象が悪くなり、場合によっては食中毒という取り返しのつかない事態にもつながりかねないからです。

基本は**その日の汚れはその日のうちにキレイにし、翌日に持ち越さない**こと。ですので、当店では最後に下げた食器も必ず洗ってから帰るように徹底しています。

そのために洗い場では、洗い物を溜めないようにし、閉店時間（21時）には「洗い場にある食器は1桁に！」を目標にしています。

閉店後は、残っている食器をすべて洗ってから、洗浄機の電源を切ります。

そして、キッチンの床を掃いてキレイにした後、床を水で流し、冷蔵庫の下や機器の下にもブラシをかけます。

さらに、ダスターをよく洗い、汚れを落としてから次亜塩素酸に漬け込みます。

調理場については、閉店30分前の20時30分ごろから、2台ある餃子焼き機のうち1台を掃除し、麺テボ（麺をゆでるカゴ）も半分洗い場に持っていきます。

閉店後はゆで麺機を洗浄し、餃子焼き機とコンロを掃除。冷蔵庫の扉やキッチンの壁も拭き掃除します。

ホールでは、20時10分ごろからお客様のいないテーブルに置いてある水の入ったピッチャーを下げ始め、30分前になったらピッチャーを3つだけ残して、後は全部洗い場に持っていきます。

同時に、食べ終わっているお客様の食器を下げ、テーブルを拭き、テーブルやカウンターの箸とつまようじを補充します。

閉店後は、のれんを店内にしまい、玄関マットを駐車場ではたいてから片付けます。そして、椅子をテーブルの上に乗せ、店内を掃き掃除します。

トイレについては、当店では1日に5回、掃除するようにしています。具体的には、開店前、14時、17時、20時、閉店後の5回です。

そして最後に次の16項目をチェックし、閉店から1時間後の22時には退店するようにしています。

□元栓は全部閉めたか？
□鍵は全部閉めたか？
□食材の常温放置はないか？
□バックヤードの電灯をつけたか？
□客席の電灯は消したか？
□厨房の電灯は消したか？
□機材の電源はすべて切れているか？
□段ボールはゴミ庫に捨てたか？
□ゴミ庫の蓋を閉めたか？

□床ゴミはゼロか？
□排水溝のゴミ受けにゴミはゼロか？
□営業報告は送信したか？
□売上金は金庫にしまったか？
□客席のエアコンの電源を切ったか？
□事務室のエアコンの電源を切ったか？
□冷蔵庫はすべて正常に動いているか？

この中で1つだけ「バックヤードの電灯をつけたか？」となっていますが、これは「消したか？」の間違いではありません。

真っ暗だと防犯上よくないので、1カ所だけ電気をつけっぱなしにしているのです。

実際、当店も過去に一度、夜中に泥棒に入られたことがありましたが、電気をつけて帰るようにしてからは、窃盗被害に遭っていません。

なお、次ページに実際に使っているトイレのチェック表及び閉店時の作業進行表を載せておきますので、参考にしてください。

トイレチェック表

	開店前	14時	17時	20時	閉店	在庫数確認 トイレット ペーパー	在庫数確認 トイレ クリーナー	ガラス マジック	トイレの ルック
1日									
2日									
3日									
4日									
5日									
6日									
7日									
8日									
9日									
10日									
11日									
12日									
13日									
14日									
15日									
16日									
17日									
18日									
19日									
20日									
21日									
22日									
23日									
24日									
25日									
26日									
27日									
28日									
29日									
30日									
31日									

キッチン　閉店作業進行表

時刻	麺場	補足	洗い場	補足
20:00	オーダーや状況に合わせて、調理優先。冷蔵庫や壁のふき取りを予めしておく。		洗い物をためないこと！閉店時に洗い場にある食器は1桁に！	
20:05				
20:10				
20:15				
20:20				
20:25				
20:30	餃子機1台清掃	1台は残してオーダーに対応		
20:35				
20:40				
20:45	容器交換	不要食材を片付け冷蔵庫へ		
20:50	麺テボを半分洗い場に			
20:55				
	閉店・オーダーストップ			
21:00	ゆで麺機の火を落とす	元栓を必ず閉める！	食器洗浄 器具洗浄	とにかく洗う！洗浄機を止めない！熱い器具もあるので注意！
21:05	食材を冷蔵庫に片付ける	定位置に食材を！売入れ売出し再確認！		
21:10	ゆで麺機の洗浄	打ち粉が隙間に入りやすいので注意！		
21:15				
21:20	餃子機の清掃	元栓を必ず閉める！		
21:25				
21:30	コンロ場の清掃	元栓を必ず閉める！		
21:35			洗浄機電源OFF	
21:40	冷蔵庫・壁のふき取り	シルバー部分ピカピカ！冷蔵庫の扉上部もふき取り！取ってを次亜塩素酸でふき取り！	床掃き	床ごみゼロ！
21:45			床流し	冷蔵庫の下や機器の下にもブラシを！
21:50				
21:55	ゴミ捨て・ゴミ袋交換	ゴミ箱の底も洗う	ダスター洗浄	汚れを落としてから次亜塩素酸漬け込み！
22:00	元栓チェック	再度元栓確認！	衛生チェック	食材常温放置無し！

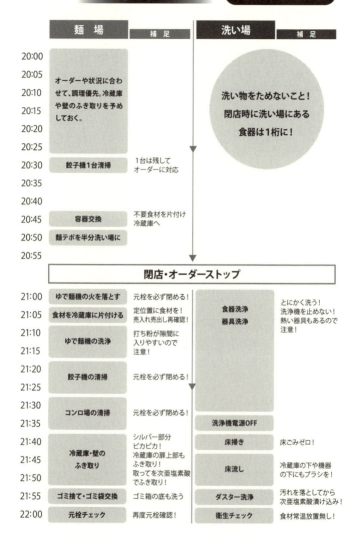

ホール

時刻	清掃	補足	業務管理	補足
20:00			支払い伝票の記入	
20:05				
20:10	ピッチャーを半分洗い場に	お客様がいないテーブルから下げる		
20:15				
20:20	箸・つまようじの補充	補充しながらカスターセットふき取り		
20:25				
20:30				
20:35	ピッチャーを3つ残して、全部洗い場に			
20:40	全テーブルふき取り	食べ終わっているお客様の食器を下げる		
20:45				
20:50	トイレ清掃			
20:55				
	閉店・オーダーストップ			
21:00	のれんを入れる			
21:05	玄関マットを片付ける	マットは駐車場ではたくゴミがあれば取り除く		
21:10				
21:15	椅子をテーブルの上にあげる	未ふき取りの場合は先に拭いてから		
21:20	掃き掃除			
21:25				
21:30	トイレ最終チェック	トイレットペーパー補充は完璧ですか?		
21:35	ゴミ捨て・ゴミ袋交換			
21:40			レジ閉め	売上金は必ずWチェック！金銭差異発生時は店長に報告
21:45				
21:50			営業報告LINEを送る	
21:55			売上金を金庫に入れる	
22:00			戸締り確認	警鐘アラームをかけて退店

換気扇なども月に2回は掃除する

毎日掃除するのは大変だけど、放っておいたら汚れが溜まってしまうようなものも、定期的に掃除したほうがいいことは言うまでもありません。

たとえば次のようなものがあげられます。

・冷蔵庫
・ストッカー
・換気扇
・炊飯器
・保温釜
・食器洗浄機
・レンジ
・ビールサーバー
・トイレ壁
・洗面台壁
・ペーパーケース

・消毒器
・窓、サッシ
・エアコンフィルター
・灰皿（外）
・ウェイティングボード
・ポスト
・ショーケース
・ソファー
・レジ画面
・本棚
・テレビ
・時計
・ゴミ箱

これらは定期的に掃除しないと、ホコリが溜まったり、汚れがこびりついたりしますので、最低でも月1〜4回のペースで掃除をしたほうがいいでしょう。

ちなみに、当店では次ページのようなリストを作って、ものによって頻度を変え、掃除忘れがないようにしています。

食中毒対策はしっかりと!

飲食店にとって一番気をつけなければいけないことは食中毒です。

食中毒を出してしまうと、お客様に迷惑をかけてしまうだけでなく、店としても大きなダメージになります。

したがって、ラーメン店を経営する以上、食中毒についてはひととおりの知識を身につけておくべきでしょう。

まず食中毒の原因となる食中毒菌ですが、これは生鮮食材、人・動物の身体、土壌の中など、至るところに存在しており、主なものとしてはサルモネラ菌、腸炎ビブリオ、病原性大腸菌、ブドウ球菌などがあげられます。

これらの菌が存在しているだけだと食中毒は起こらないのですが、一定の条件が揃ったときに食中毒菌が急激に繁殖することによって、食中毒を引き起こすのです。

店舗掃除表

（　　　　　　）月度　　　店名（　　　　　　　　　　）

		月間	（実施日）氏名／記入欄			
部所	掃除箇所	回数	1回目	2回目	3回目	4回目
キッチン	フード	1	（　　）	（　　）		
	フライヤー	2	（　　）	（　　）		
	冷蔵庫フィルター×3箇所	2	（　　）	（　　）		
	換気扇フィルター	2	（　　）	（　　）		
	炊飯器周り、台	4	（　　）	（　　）	（　　）	（　　）
	保温釜周り	4	（　　）	（　　）	（　　）	（　　）
	白カゴ×3個	2	（　　）	（　　）		
	ペーパーケース、消毒器周り	2	（　　）	（　　）		
	洗い場シンク下、洗浄機周り、洗い物台	3	（　　）	（　　）	（　　）	
	食器下げ物台	2	（　　）	（　　）		
	レンジ、台	2	（　　）	（　　）		
	ビールサーバー周り	2	（　　）	（　　）		
	ゴミ箱×3個	2	（　　）	（　　）		
	ストッカー周り	2	（　　）	（　　）		
	裏冷蔵庫ドア、倉庫ドア　（月間）	1	（　　）			
			（　　）	（　　）	（　　）	（　　）
ホール	トイレ壁、洗面台壁、ペーパーケース	2	（　　）	（　　）		
	窓、サッシ（北側）	3	（　　）	（　　）	（　　）	
	窓、サッシ（南側、西側）	3	（　　）	（　　）	（　　）	
	取り皿、子供食器	4	（　　）	（　　）	（　　）	（　　）
	コップ、ピッチャー	1	（　　）			
	エアコン周り、フィルター	2	（　　）	（　　）		
	ゴミ箱×4個	2	（　　）	（　　）		
	灰皿、ウェイティングボード、ポスト	2	（　　）	（　　）		
	コーン立て棚	2	（　　）	（　　）		
	ショーケース	2	（　　）	（　　）		
	ソファー	3	（　　）	（　　）	（　　）	
	フィルター×2枚	2	（　　）	（　　）		
	レジ画面	3	（　　）	（　　）	（　　）	
	エアコン前ラック	1	（　　）			
	本棚、テレビ、時計×2個	1	（　　）			
			（　　）	（　　）	（　　）	（　　）

その条件とは、養分、水分、温度、時間の4つで、このうち養分と水分は食材自体に備わっているため、なかなか防ぎようがありません。

しかし、温度と時間については管理することができますので、この2つの条件が揃わないようにすれば食中毒を予防することができるというわけです。


実際、過去の食中毒事故の発生要因の中で多いものは、「前日に調理したものの長時間保存」や「保存温度の管理不徹底」、「加熱不足」、「器具の使い回し」などと言われています。

したがって、次の4つを実践することが食中毒予防になります。

①前日調理はしない
②保存温度の管理を徹底する
③加熱調理を十分に行う
④器具の使い回しをしない

ちなみに、当店では次のことを実践しています。
・冷蔵庫に温度計を設置して温度管理を徹底
・食材の先入れ先出しの徹底や仕込んだ日付の記入で、古い食材や調理品がいつまでも冷

蔵庫の中に残らないようにする
・麺や野菜は必ず冷蔵庫に入れて保管し、常温での保存はしない
・麺を外に出すときは火の近くには置かない
・ふきんはホール用とキッチン用に色分けする
・食器専用の乾いたふきんは別に用意する
・まな板を肉用と野菜用に分ける
・体調の悪いスタッフは休ませる
・指を怪我しているスタッフは洗い場に専念してもらう
・食材は直接手でさわらない（トングでつかむ）
・害虫駆除を定期的に業者に頼む

繰り返しますが、飲食店にとって食中毒は本当に怖いものです。実際、徳島のラーメン店でも食中毒を出したことが原因で潰れたお店がありました。

ですので、食中毒には細心の注意を払うよう、スタッフにも徹底することが重要です。

3 キャッシュフローを把握する

資金繰り表はオープン時からつけていく

1章で書きましたが、当社はかつて銀行からの借入額が膨らみ、毎月の返済額が90万円くらいになったことがあり、売上はあるのに、会社にお金が残らないという大ピンチを経験したことがあります。

そのときの苦い経験から、私は「今、会社にいくらのお金があって、材料費や社員の給料や水道光熱費や家賃を払ったら、いくらお金が残るのか？」を、資金繰り表を使って管理するようになりました。そうしないと不安で仕方がなかったからです。

そのとき作った資金繰り表を簡略化したのが、242ページの表です。

実際に使用している表は縦軸が日付になっていて、横軸には「売上」「仕入れ」「家賃」「水道光熱費」「人件費」「借入金返済」の欄を設けていて、「売上」からすべての支出を引くと、いくらのお金が残るかが一目でわかるようになっています。

今ではかなり正確な売上予測が立てられるようになりましたので、あらかじめ売上欄に数字を入れていますが、最初のうちは毎日の売上実績を記入していけばいいでしょう。

そして、「仕入れ」も日々支払ったものはその日付の欄に記入し、月末にまとめて支払う場合は月末の日付のところに実際に支払った金額を記入していきます。

その他の「家賃」「水道光熱費」「人件費」「借入金返済」についても、実際に支払った日付の欄に金額を記入していきます。家賃のように前もってわかっているものは、先に記入しておきましょう。

この資金繰り表をつけていくと、現在お金がいくら残っていて、月末にどれだけ残るのか、あるいは足りなくなるのかがわかるようになります。

このような**資金繰り表をつけないでドンブリ勘定で店舗運営をしてしまうと、売上はあるのにお金はないという事態になりかねません**ので、オープン時からつけていくことをおすすめします。

資金繰り表

日付		支払先／入金元	詳細	○○銀行		
				出金	入金	残高
			前月末残高			300,000
7月2日	月	売上入金	6/29～7/1		172,000	472,000
		家賃	6月分	100,000		372,000
7月5日	木	水道光熱費	ガス代6月分	80,000		292,000
7月6日	金	売上入金	7/2～7/5		108,000	400,000
7月9日	月	売上入金	7/6～7/8		172,000	572,000
7月10日	火	給料	6月分アルバイト給料	187,000		385,000
7月13日	金	売上入金	7/9～7/12		108,000	493,000
7月17日	火	売上入金	7/13～7/16		240,000	733,000
7月20日	金	水道光熱費	電気代6月分	50,000		683,000
		売上入金	7/17～7/19		72,000	755,000
7月23日	月	売上入金	7/20～7/22		172,000	927,000
		水道光熱費	水道代6月分	25,000		902,000
7月25日	水	借入返済	6月分（元金＋利息）	88,000		814,000
7月27日	金	売上入金	7/23～7/26		108,000	922,000
7月30日	月	肉業者仕入	6月分支払い	170,000		752,000
		製麺屋仕入	6月分支払い	120,000		632,000
		食材屋仕入	6月分支払い	110,000		522,000
		八百屋仕入	6月分支払い	110,000		412,000
		売上入金	7/27～7/29		172,000	584,000
7月31日	火	口座振替	資金移動	284,000		300,000
			次月期首残高			300,000

※入金額は予測の80%で計算。出金は実際には細かく分類して記入。

売上予測	
平　日	50,000
土　曜	80,000
日　曜	100,000
祝祭日	90,000
月　商	**1,700,000**

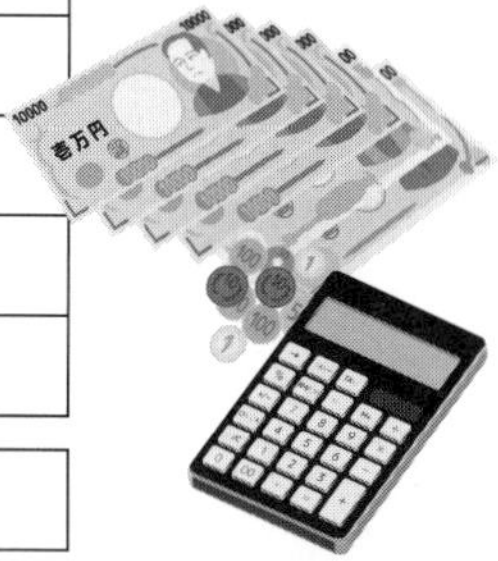

平均小口支払額 / 1日	5,000

固定費		
毎月1日	家賃	100,000
毎月5日	ガス	80,000
毎月20日	電気	50,000
毎月22日	水道	25,000

変動費		
毎月10日	アルバイト	187,000
毎月末まで	肉業者仕入	170,000
毎月末まで	製麺屋仕入	120,000
毎月末まで	食材屋仕入	110,000
毎月末まで	八百屋仕入	110,000

借入返済		
毎月25日	○○銀行	88,000

設定条件

- ◆ 週1回平日定休日
- ◆ アルバイト時給 800 円
- ◆ アルバイトお昼1人、夜1人、4時間程度勤務
- ◆ 食材原価 30 %
- ◆ 客単価 800 円
- ◆ 銀行借入 500 万円 5年元利均等返済利息2%

資金に関して、もう少し捕捉を説明していきましょう。

ラーメン店の入金というのは通常は売上のみで、日々手元に現金が入ります。なるべく現金を店に置いておきたくないので、当店では3日に1度、売上を銀行に入金するようにしています。

また、出ていくお金としては主に、毎月固定で出ていくお金（家賃、電気ガス水道代、人件費、ケーブルテレビ代等）と、ラーメンを作るための材料費（肉屋・製麺屋・しょうゆやコショウ等の調味料系卸、八百屋など）があります。

基本的に材料は、掛けで買うようにしています。というのは、売上が出た後でお金を支払うほうが負担がないからです。サイクルとしては月末締めの翌月末払いというところが多いです。

この掛け金も、予測のなかにしっかりと入れておくようにしましょう。また、カード払いの引き落とし日も同様です。

ちなみに、掛けで買い物をする際に、締め日が近いのに注文が大量になりそうなときは、付き合いが深い業者ですと、支払いを2カ月に分けてもらったり、その翌々月に回してもらうなど融通をきかせてもらうこともあります。

店には小口現金も用意する

毎日開店時に用意しておくお金としては、つり銭以外に、小口現金も必要です。つり銭は、2～3万円分の小銭と一緒に、1万円札で支払われるケースに備えて千円札の束も用意しておきましょう。

小銭は棒金《ぼうきん》といって、銀行で替えてもらうことができます（50枚で1本）。当社の各店舗では毎朝だいたい100円が2本、50円が1本、10円が2本分の棒金と、500円を20枚、そして、お釣り用の千円札を店舗によって5～10万円分用意しておきます。千円札のお釣りは来客数によっても違いますが、給料日やボーナス日などに使用が多くなります。

小口現金は、やはり2～3万円ほど店に置いておき、電球が切れたり、もやしがなくなったりと、こまごまとした緊急の際にそこから支払うようにしています。ただし、店のお金を従業員が持ち逃げするという話もたまにあるので、管理に注意を払うように工夫するといいでしょう。

第7章

田舎で勝てる人気ラーメン店の作り方

1 居心地のいい店づくり

アイドルタイムにはコーヒーとソフトクリームを出せ！

都会のラーメン店は「利益率」で勝負しますが、**田舎のラーメン店は「継続率」で勝負することが大切です**。つまり、田舎の場合は都会よりもお客様の絶対数が少ないため、リピーターを増やさなければ店は儲からないのです。

リピーターを掴むための販促方法は述べましたが、それ以前にまず田舎の場合は「くつろげること」が大事です。

お客様がどれだけくつろげたかは、「滞在時間」でわかります。たとえばラーメン店に1時間滞在してくれたお客様は、近いうちにまた必ず来てくれます。なぜなら、「くつろげる店」という情報が、頭ではなく体にインプットされるからです。

そのため、当店ではコーヒーとソフトクリームをメニューに載せていました（現在はソフトクリームのみ）。

一見すると、ラーメンとコーヒーはありえない組み合わせで、違和感を覚える人もいるかもしれません。しかし、そんなことはなく、ラーメンの油っこいスープは、コーヒーを飲むことで緩和されるのです。

また、ソフトクリームは、若い女性や子供を集客するためのものです。特に、子供は大喜びです。

子供がソフトクリームを目当てに、ラーメン店に行きたいと言えば親も必ずついてきます。

こうしてラーメン店がお客様にとって「行きつけの店」というポジションになれば、そのお客様が家族や友だち、知人などを連れてきてくれますので、店の売上も2倍3倍と増えていくのです。

「できるだけ滞在時間を長くさせる」というのは、絶対に都会のラーメン店ではできない田舎ならではの成功法則といえるでしょう。

「いらっしゃいませ」より「こんにちは」

ラーメン店に限らず、飲食店の場合は、お客様が店内に入ってきたら、「いらっしゃいませ」と言うのが一般的です。

もちろん、元気な声で「いらっしゃいませ」と言うことは大事なのですが、当店では「いらっしゃいませ」の代わりに、昼は「こんにちは」、夜は「こんばんは」と言うようにしています。

なぜ、このような挨拶にしているかというと、お客様に気軽な雰囲気の中で、ゆっくりとくつろいでほしいという思いがあるからです。

「いらっしゃいませ」という挨拶は、あくまで店員とお客様の関係で、なんだかよそよそしい感じがするのに対し、「こんにちは」や「こんばんは」は、友人同士のような親しい関係になれるからです。

名前を知っているお客様が来た場合は、「○○さん、こんにちは」と名前を入れるようにしています。

田舎の場合はアットホームな雰囲気が大事だと、前にも書きましたが、その雰囲気づくりの第一歩が、入店時の挨拶を変えることなのです。

もちろん、店員とお客様という関係なので節度をわきまえる必要がありますし、なれなれしくなりすぎてはいけませんが、「こんにちは」や「こんばんは」から入ることによって、自然に次の会話につなげていけるのです。

なお、当店で推奨しているのは、次のような会話です。

「今日は良い天気ですね」
「今日も暑い（寒い）ですね」
「○○さん、お元気でしたか？」
「そのネクタイ、よくお似合いですね」
「あれ、今日はなんだか雰囲気が違いますね」
「かわいいお子さんですね。何歳ですか？」

もちろん、これらを覚えて、マニュアル的に言っても意味がありません。

また、お客様が喋りかけてほしくなさそうな雰囲気の場合は、「こんにちは」の後の言葉は控えるといった配慮も必要です。

前述したように、田舎のラーメン店に来るお客様は、人に会いに来てくれている人も多くいらっしゃいます。店長やスタッフと話をするのが楽しみという人もたくさんいます。

だからこそ、**田舎で生き残っていくためには、スタッフのコミュニケーション能力が重要なカギを握っている**のです。

BGMについて

店内のBGMは、絶対にあったほうがいいと思います。なぜなら、店内がシーンと静まり返っていると、たとえお客様が入っていたとしても「にぎやかし感」がないからです。

たとえば、ラーメン店が2軒並んでいて、どちらも入ったことのないお店だとします。片方はお客様がいっぱいでにぎわっているのに対し、もう片方はお客様が誰もいなくてシーンとしているとしたら、あなたはどちらのお店に入りますか？

おそらく前者のにぎわっているほうではないでしょうか？　なぜなら、にぎわっているお店のほうが、おいしそうに感じるからです。

これが「にぎやかし感」で、BGMの有無もその1つの要素になるのです。

実際、BGMのないラーメン店に入ると、ラーメンをすする音やお客様の話し声がダイレクトに聞こえてきて、あまり気分のいいものではありません。また、お客様から「店内が静かすぎると話しにくい」と言われたこともあります。

したがって、**ＢＧＭは必ず用意するようにしましょう。**

ちなみに、当店の場合は４店舗とも有線放送をかけています。現在契約しているのは１つのチャンネルだけのものなので、時間帯によってチャンネルを変えることはできませんが、色々なチャンネルがある場合は、忙しいピークタイムはアップテンポな音楽にすると、多少、回転率がアップしますので試してみてください。また、ターゲットに合わせて音楽のジャンルを変えることで、お客様の満足度も上がると思います。

有線放送がない場合は、ラジオでもテレビでもかまいません。ＣＤをかけるのでもいいと思いますので、何らかのＢＧＭは流すようにしましょう。

最近はラーメンを待っている間はずっとスマホをいじっているお客様が増えてきました。そこで、当店では徳島県が無料で提供している防災用のフリーＷｉ－Ｆｉを設置しています。ただし、これは無料（お店側の負担は中継機の電気代だけ）だから設置しているだけであって、ラーメン店の場合はお金をかけてまでフリーＷｉ－Ｆｉを設置する必要はないでしょう。

2 田舎では、行列ができないように工夫せよ

ランチタイムの回転率を無理なく上げる方法

都会のラーメン店でも田舎のラーメン店でも、ランチタイムが稼ぎ時であることは同じです。ですので、少しでも**ランチタイムの回転率を上げることが、売上アップに直結する**ことになります。

たとえば、ライチタイムの平均客単価が６００円とすると、20席のお店で２回転した場合の売上は、６００円×20席×２回転＝２万４０００円になります。

回転率を上げる努力をして２・５回転になったとすると、６００円×20席×２・５回転＝３万円となり、１日の売上が６０００円アップ。そして、その状態が続けば１カ月（30日稼働として）で18万円、１年では２１６万円も売上がアップすることになるのです。

都会の場合、お店の前に行列ができていても、少しくらいであれば並ぶ人が多いようです

が、田舎の場合は少しでも行列ができていたら、並ばずにサッサと別のお店に行ってしまう人のほうが多いので、できるだけ行列ができないよう回転率を上げることがとても重要なのです。

ところが、世の中には「回転率を上げる＝お客様に早く食べてもらって早く帰ってもらう」ことだと勘違いしている人がたくさんいます。

たとえば、まだスープが残っているのに、ラーメンどんぶりを下げるといった行為をしてしまうと、たとえその日の回転率が上がったとしても、**急かされたお客様は二度とリピートしてくれなくなります。**

なぜなら、お客様を急かす店は居心地が悪いからです。

お客様を急かすことなく、回転率を上げるために、次のような5つの方法があります。

①お客様が店に入ってくる前に、コップに水を入れておく

お客様が店に入ってきてからコップに水を注いでいると、その分だけ水を出すタイミングが遅れてしまいます。

だからといって、ずっと前からコップに水を入れっぱなしにしておくと、氷が解けてお水がぬるくなってしまいます。

そこで当店では、お客様が駐車場に車をとめて、店に入ってくるまでの間に、窓からお客様の人数を確認して（窓から駐車場が見渡せるので）、その数だけコップに水を入れておき、お客様が席に着くと同時に持っていくようにしています。

わずか何秒のことかもしれませんが、こうしたサービス面での小さな時間短縮の積み重ねが、回転率アップにつながっていくのです。

②空になった食器は下げる

前述したように、まだスープが残っているのに器を下げてしまうのは、お客様にとって心地の良いものではありません。

しかし、空になったラーメンどんぶりや餃子のお皿のように、明らかに食べ終わったとわかるものであれば、お客様に「お下げしてよろしいですか？」とひと声かけてから下げるようにしています。

これも些細なことですが、お客様が帰った後のテーブル上の食器の数が1つでも少ないほうが、片付ける時間が短くてすみます。ということは、次のお客様を案内するまでの時間が短縮できることになるので、回転率アップにつながるのです。

③メニューの数を絞る

お客様が注文してから料理を提供するまでの時間をどれだけ短縮できるかも、回転率を上げるための重要な要素です。

たとえば、それまで料理の提供時間が10分かかっていたところを5分に短縮できれば、ランチタイムに40人のお客様が来ていたとすると、5分×40人で200分の時間短縮になります。そして、1人のお客様の平均滞在時間が20分だと仮定すると、200分あれば計算上はあと10人のお客様を受け入れることができるようになるというわけです。

料理の提供時間を短縮するためには、メニューの数を絞り込むことが効果的です。

たとえば、ラーメンとチャーハンと野菜炒め定食というように、色々な種類のメニューを作るよりも、ラーメンを3つ作ったほうが効率よく速く作れることは、料理をした経験のある人なら容易に想像できるでしょう。

そこで当店の場合、ラーメンは豚骨しょうゆスープの「支那そば」と辛めのスープの「辛ヌードル」の2種類だけに絞っています。そして、それぞれに「小盛」「大盛」「特盛」の3サイズを用意し、さらにチャーシューをたくさん載せた「支那そば肉入り」と「辛ヌードル肉入り」があるという、いたってシンプルなメニュー構成にしているのです。

これだとスープのベースは2種類で、後は麺の量とチャーシューの量を調整すればいいだけなので、作業時間が大幅に短縮できるのです。

④ランチセットを作る

ラーメンの種類が多くて作るのに時間がかかってしまうような場合は、ランチセットを作るという方法があります。

たとえば、ラーメンとライスと餃子をセットにして、ランチセットにするといったものです。このときラーメンの種類を1種類か2種類に限定することがポイントです。なぜなら、ラーメンの種類を限定することで、同じラーメンを効率よく作ることができ、調理時間の短縮につながるからです。

さらに、ラーメンとライスと餃子をバラバラに頼むよりも、セットで頼んだほうが少しお得な値段設定にしておくと、多くのお客様がランチセットを頼んでくれます。

実際、当店でも390円で「半チャーハン・ミニ天津飯・高菜マヨご飯・肉飯」の中から1品と餃子のセット（ランチタイム限定ではない）を用意していますが、ラーメンの他にこのセットを頼む人がたくさんいます。

さらに、セットメニューは売上アップにもつながりますので、ぜひ作ってください。

⑤相席をお願いする

ランチタイムの忙しいときに、4人掛けのテーブル席に2人組のお客様が座っている場合は、後から2人組のお客様が入ってきたら、必ず相席をお願いすることです。

そうすることで、後から来たお客様を待たせなくてもすむので、その分だけ回転率がアップします。

お店の人間が相席をお願いすれば、だいたい皆さん、快くOKしてくれます。

相席をお願いするときの注意点としては、テーブル席（ソファー席）の片側が壁にピッタリついていて、一方向からしか出入りできない場合は、最初の2人組をテーブル席に案内するときから、向かい合わせではなく、横一列に並んで座ってもらうようにすることです。

そうすれば、最初の2人組のお客様が食べ終わって席を立つとき、後のお客様に気を使うことなく席を立てるようになります。


以上が回転率アップのための5つの方法です。

繰り返しますが、回転率を上げることはお客様を急かしたり、早く追い出したりすることではありません。

お客様にはゆっくりと食事を楽しんでもらいながら、それ以外の店側ができることで時間短縮を図って回転率アップにつなげていきましょう。

3 サービスの在り方〜店や店員のファンになってもらう

忙しいときにはお客様に手伝ってもらう

都会のラーメン店と田舎のラーメン店は、「お客様に対するサービスそのものが違う」と言っても過言ではありません。

実際、うちの店では都会の店では絶対にありえないことが、ときどき起こります。

その1つが、忙しいときに、お客様がお店を手伝ってくれるということです。

自分で「お冷」をとっていくだけでなく、他のお客様にもお水を出してくれたり、食べ終わった器を下げてくれるのはもちろん、できた料理をお客様が他のお客様のテーブルに運んでくれることもあります。

テーブルやカウンターの上をキレイに拭いてくれたりもします。

なぜ、お客様がここまでやってくれるのか？

それは、お客様が私たちの店のファンになってくれているからです。ファンだから、私たちが困っていると助けてくれるのです。

このような**ファンの数が多くなれば、店の経営は安定します。**したがって、いかにファンを増やしていくかが重要なのです。

そのために『三八新聞』の発行に力を入れて、ニュースレターを通じて店の考え方を伝えたり、スタッフの紹介をしたりすることで、店やスタッフのことを知ってもらうようにしているのです。

考えてみてください。

もしあなたが、お客様だったら、アットホームで楽しくにぎやかな店と、そうではない店のどちらをひいきにしますか？　もちろん、味の好みもあると思いますが、前者のお店に行きたいと思うことでしょう。

最近の脳科学では、人間の脳は楽しいことしかやりたがらないことが明らかになっているそうです。

苦しいこと、きついことは、一時的にはできても長続きしないのです。

同じように、**飲食店も楽しいお店は、脳が勝手に「また来たい」とインプットし、また行きたくなる**のです。

お客様の満足度を高めるために、わざとお客様にお店を手伝ってもらうという発想は、都会では考えられないことでしょうが、田舎ではこれが、お客様に親しみや安心感を植え付けることになるのです。

お客様から「お接待」される店になる

これは笑ってしまうような話ですが、とにかく当店はお客様からよくモノをもらいます。

たとえば、四国の特産品であるスダチは、店でよくもらう定番のプレゼントです。

以前、スダチ農家さんから、ちょっと形がいびつなスダチを大量にもらったことがありました。商品として難ありというだけで、味はまったく変わりません。そこで、お客様にお出ししたところ、大好評でした。

もちろん、新参者が田舎にやってきてラーメン店を開業して、いきなりお客様からモノがもらえるようになるかというと、それは難しいと思います。

しかし、自分の知り合いがたくさんいる地元で開業した場合は、お客様との良好なコミュニケーションが取れていれば、開業してしばらくすれば、このような関係になれることもありえるでしょう。

農家が多い田舎の場合は、だいたいどこでもこのような傾向がありますが、特に四国の場合は、88カ所を巡るお遍路さんのコースがあり、日常の中にモノをあげる「お布施」という文化が根付いています。

これを四国では「お接待」と言います。

店ではなく、お客様が「お接待」をしてくれるのです。

先ほどの「忙しいときはお客様が手伝ってくれる」こともそうですが、お客様からお接待される店は、「最強の店」と言えるのです。

そのような店になるためには、**お客様との会話がきちんとでき、冗談の1つも言えるようなコミュニケーション能力が、店主やスタッフに求められる重要な資質であるといえます。**

田舎のお客様の中には、店主やスタッフと話をするのが目的で店に来る人が、少なからずいます。なかでもおじさんたちは、会話を楽しみに来ている感じさえします。

「黙って俺のラーメンを食え！」というような不愛想な頑固おやじ的なキャラは、都会では受け入れられても、田舎では受け入れられにくいのです。

ただ、なかにはこのようなコミュニケーションが苦手な人もいると思います。その場合は、無理して社交的になろうとする必要はありません。ストレスが溜まるだけですから。

そういう人は、コミュニケーションが得意なスタッフを優先的に雇い、お客様との会話はそのスタッフに任せることです。若い子の中にもコミュニケーションが得意な子もいますが、人生経験豊富なおばちゃんのほうが得意な人が多いので、まずはそういう人を優先的に採用するようにしましょう。

田舎のお客様は「味」だけでなく、「人」にもつきます。ですので、田舎の場合は、店主やスタッフのファンを増やすことが、お店のファンを増やすことにつながるのです。

社会貢献活動として街の掃除をする

現在、当社では社会貢献活動の一環として、街の清掃活動を行っています。

といっても、そんな大げさなものではなく、スタッフが店の行き帰りに街に落ちているゴミを拾ってくるというものです。

まずは10トンのゴミを集めることを目標に、日々鳴門市内のゴミを集めています。

集めたゴミは重さを量って記録した後、分別して捨てるようにしています。

最初、この活動は3号店の店長が地元の一員として地元の役に立ちたいという思いで、1人で始めたのですが、それが次第にスタッフたちにも広がり、今では高校生のアルバイトの子たちまでゴミを拾ってきてくれるようになりました。10トンまでの道のりはまだまだ遠いですが、この活動は全社一丸となって続けていきたいと思います。

この活動は、もちろんファンを作るために始めたものではありません。ただ、結果的に、近隣の皆様に温かい目で見ていただいたりと、ファン作りの一端も担っているのかもしれません。

4 田舎では絶対に敵を作ってはいけない

お客様だけでなくスタッフ、自分のプライベートにも気をつけるべし

ラーメン店に限らず、田舎で商売をする場合、肝に銘じておかなければいけないことがあります。

それは、**田舎の場合は狭い世界なので、「良い噂も悪い噂も広まるのが速い」**ということです。

前述したように、お客様と仲良くなれば、忙しいときに手伝ってくれたり、モノをくれたりといった親密な関係になることができます。

また、口コミで宣伝してくれたり、家族や友だちを連れて食べに来てくれたりもして、どんどん輪を広げていってくれます。

ところが、ひとたび何らかの不祥事があったりすると、あっという間に噂が広まり、潮が引いていくようにお客様も引いていってしまうのです。

たとえば、店主がパートの主婦と不倫したとか、アルバイトの女子校生に手を付けたといったスキャンダルはアウトです。隠そうとしても、絶対にバレます。

同様に**スタッフに辞めてもらう際も慎重にしなければいけません。**一方的にクビにしてしまうと、「突然、クビにされた」などといった悪い噂を流されてしまうことがあります。

ですので、スタッフをどうしても辞めさせる必要がある場合は、必ず十分な時間をかけて話し合いをした上で、相手が納得するまで説明する必要があるでしょう。

さらに、お客様からクレームがあった場合は、誠実かつ迅速に対応する必要があります。**間違っても、お客様をクレーマー扱いするような態度や言動は厳禁**です。

クレーム処理の仕方を間違えると、思わぬトラブルに発展し、悪い噂が広まってしまうことにもなりかねませんので、あらかじめクレームが来た場合はタダにするとかクーポン券や割引券を渡すといった対処法を決め、それをマニュアル化しておくようにしましょう。

あと、忘れがちなのが、プライベートの時間の過ごし方です。

都会の場合は、お店が終わってから居酒屋で飲んで、酔っ払ってお店に迷惑をかけたり、店員に絡んだりしたとしても、あなたの素性は知られていないので、ラーメン店の評判を落とすことにつながらないケースがほとんどです。

しかし、田舎で同じようなことをやってしまうと、「あのラーメン店の店主が居酒屋で店員を怒鳴りつけていた」といった、これまた悪い噂がすぐに広まり、ラーメン店の評判を落とすことになってしまうのです。

したがって田舎で商売をする場合は、仕事中はもちろんのこと、**たとえプライベートな時間であっても軽はずみな行動は慎む**ようにしましょう。

ファンを作ることも重要ですが、敵を作らないようにすることも、田舎では重要なのです。

5 ライバル店との付き合い方

大手チェーン店対策

近年は、田舎でも大手のファミレスチェーンやラーメンのチェーン店も数多く進出してきているため、田舎でラーメン店を開業した場合、これらのチェーン店に、どう対処するかも気になることでしょう。

当社の場合は、前にも書いたように、私の代になった当初は、2つのことで大手と同じことをやろうとしていました。

1つは、すべての作業のマニュアル化です。誰が作っても同じ味になるように、誰がやっても同じサービスが提供できるように、すべての作業をマニュアル化したことで、当初、反発するスタッフもいましたが、今ではみんなきちんと守ってくれています。また、よりやりやすいようにするために、一度作ったマニュアルも定期的に見直し、改定するようにしています。

そして失敗したことが、2つ目のお客様が人ではなくお店につくようにしたことです。大手ファミレスの場合、お客様は店長が誰かなんて関係ありません。ハンバーグが食べたいからファミレスに行くのであって、店長に会いに行っているわけではありません。

反対に何度も繰り返し述べていますが、とにかく**小さなお店はお客様とのコミュニケーションが非常に重要**になってきます。ですので、当社は数年前から三八の基本的な味などは守りながらも、お店ごとに店長の色を出すような方向に舵を切っています。

大手チェーンに関しては、コラボを提案しても、本部でNGが出るため、基本何かを一緒にやることもありません。店の役割が違うとして、参考になるところは参考にしつつ、別の路線をいくのがいいと思っています。

ちなみに、地元ならではの販促活動は、大手にはまねできないものといえるでしょう。当社では、近くの学校で運動会があったら、帰りに寄ってもらえるよう呼びかけをしたり、「とくしまマラソン」という大きいマラソン大会の日には、出場者にはトッピングを無料でつけるというようなサービスを行っています。

競争から共創へ

同じ業種のライバル店については、当社のスタンスは「何が何でもお客様を奪ってやろう」というものではなく、「他店に行くのはお客様の自由なので全然かまわないけれど、できれば当店にも来てほしい。そのための努力はする」というものです。

その1つが、間違って他店のクーポンを持ってこられたお客様への対応です。

当グループでは、そのようなお客様に対して、「それは他店のものなので使えません」と断るのではなく、「そのクーポンを当店のこちらのクーポンと交換させていただきますので、もしよろしければ本日お使いください」という対応をするようにしています。

他店のクーポンであっても、クーポンを切り取ってわざわざ持って来てくださったという行為そのものには変わりはないので、それにできるだけ応えたいということです。

近年「競争から共創へ」ということが言われるようになりましたが、私も他の飲食店と共に地域を盛り上げていくとか、他のラーメン店と共に徳島ラーメンを盛り上げていくというスタンスで仕事をしています。ただし田舎の場合、共創という考え方が根付くにはまだまだ時間がかかりそうな印象です。

東京や大阪では、ラーメン店の組合のようなものがあって、定期的に情報交換をしたりしているようですが、徳島の場合は過去に何度かそういう試みはあったものの、定着せずに終わっています。

以前、地元メディアが「はしごラーメン」という企画を提案してきたことがありました。目的は地元を盛り上げることで、「ラーメン店をはしごして、色々なラーメンを食べられるようにする」という内容で、そのために通常の半分くらいの量のラーメンを作ってほしいという依頼が来ました。

私はこの企画で徳島の街が活性化すればいいと思って「やります」と言ったのですが、徳島駅前周辺にあるラーメン店は「やらない」を選択するところのほうが多数でした。

理由は、1杯当たりの単価が下がるから。手間はそれほど変わらないのに、売上が減るので嫌だということでした。

私もその気持ちはわかりましたが、この企画を実施することで、徳島に「はしごラーメン」の文化が根付いていけば、将来的には大きなリターンがあると思ったので残念でした。

この「はしごラーメン」企画は、徳島のサイクリングロード開設に伴うものだったのですが、結局、この企画は没となり、サイクリングロードだけが開通することになったのでした。

ただ、そのような状況も少しずつ変わってきています。

当店のショップカードには「徳島ラーメンには白系、茶系、黄色系の3系統があり、白系の代表店は岡本中華で、茶系の代表店はラーメン東大で、黄色系の代表店が支那そば三八である」というように、他店の情報も載せています。

それを店で配るだけでなく、イベントなどに出店した際にも配っています。

この掲載許可をもらいに行ったとき、「別にいいけど、なんでそんなことするの？」と言われましたが、今ではラーメン東大さんがホームページで当店のことを紹介し、リンクも張ってくださるようになったり、それ以外でも「共創」の考え方が広まりつつあるのかなと思っています。

6 イベント出店

来場者数が多ければいいというわけではない

私の代になってから、大小さまざまなイベントに出店するようになりました。その目的は、「支那そば三八」の宣伝と、徳島ラーメンの宣伝、そしてプラスアルファの売上作りです。

ただ、すべてのイベントがうまくいったわけではありません。

1章でもお伝えしたように、東京の日比谷公園で行われた来場者数30万人規模のB級グルメのイベントは、最低でも1日300杯は売れるだろうと思い、それに対応できる食材やスタッフも手配したのに、3日間の合計は150杯程度で、結果120万円の赤字を出してしまいました。

当日はとても良い天気で人の出足も好調、ライバル店の中には行列ができているラーメン店もありました。
いくら**お客様がたくさんいても、強力なライバルが多いと、簡単に負けてしまう**ということを痛感した出来事でした。

それとは逆のケースもあります。

東京のイベントから数カ月後、知り合いから高知県の大川村というところで村をあげてのイベントがあるので、そこにラーメンの屋台を出してほしいという依頼が舞い込んできました。

私は東京での苦い経験があったので、「正直、人口300人の村だと大した売上は期待できそうにないな〜」と思ったのですが、知り合いの頼みということで引き受けることにしました。

当日、出店していた飲食店は当店を含めて2店舗だけ。ラーメン店は当店のみでした。来場者は、300人の村人がほぼ全員来ているのではないかと思えるくらい、会場は盛況でした。

結果はどうだったのかというと、わずか1時間半という短時間の間になんと150杯ものラーメンが売れたのです。しかも、隣のお店も同じくらいにぎわってました。

このような地元の小規模なイベントであれば、イベント選びさえ間違えなければ、赤字になって失敗することはほぼないといってもいいでしょう。

イベント出店で失敗しないためのコツ

イベント出店で失敗しないためのコツは2つです。

1つ目は、**ライバル（飲食店）の多いイベントには出店しないこと。**

以前、お隣の香川県のイベントに出店した際、うどん屋さんが出店していて、そこにお客様を取られてしまい、惨敗したことがありました。

以来、イベントの出店依頼があった際には、必ず「他にどんな飲食店が出るのか？」を主催者に聞くようにしています。

そして、ライバルが少なそうなら出店し、ライバルが多いと出店しない。この基準で判断するようになってからは、ほぼ失敗することはありません。

2つ目は、**雨天時の売上保証があるイベントに出店すること**です。

屋外イベントの場合、雨が降るとどうしても客足が鈍りますので、売上も落ちます。そうなると、赤字になってしまうこともありますので、事前に雨天時の売上保証があるのかどうかを確認しておくことが大切なのです。

ちなみに、イベントは春と秋が非常に多く、その時期私の地元・徳島では毎週末、どこかで何らかのイベントが開催されていて、ほぼ毎週のように出店の依頼が来るのです。

なぜかというと、徳島ラーメンのお店でイベントに出店しているのは、当社くらいのものだからです。

先日出店したイベントでは、1日に200杯出ました。1杯500円で売っていましたので、売上は10万円。そこから材料費や人件費などの経費を引いても3万円くらいの利益は出るのです。このときは2人でやりましたが、100杯くらいなら1人でもできます。

これを毎週続けたら、そこそこの売上と利益になりますので、売上アップの一つの手段としてこのようなイベント出店を検討してみるのもいいでしょう。

付録　ラーメン店を開業する方法の色々

1．厳しい修業をしなくても開業できる

ラーメン店を開業するためには、厳しい修業をしなければいけないんじゃないかと思っている人も多いことでしょう。確かに、以前はそうでした。しかし、今は厳しい修業をしなくても、開業することは可能なのです。

それは、ラーメンの基本となるスープもタレも麺もチャーシューも、自分で作らなくても業者から仕入れれば、そこそこの味のラーメンができるからです。

最近は人気店のスープやタレやチャーシューのレシピが本などで公開されていますし、作り方のＤＶＤも発売されているので、修行に入って一から働いて味を教えてもらう必要もありません。また、本書をはじめ、ラーメン店の開店マニュアル本も数々発行され、インターネットでも情報は溢れているので、自分で積極的に情報を仕入れ、取捨選択し、交渉もするようなガッツがあれば、ラーメン店で修行せずとも店のオープンまでもっていくこともでき

るはずです。

都会のラーメン激戦区であれば、そこそこの味ではすぐに淘汰されてしまうでしょう。

しかし、ライバルの少ない田舎であれば、そこにプラスアルファ、つまりお客様の要求に応えられるもの（ニーズに応えた営業時間だったり、居心地の良さだったり、納得のいく値段など）が提供できれば、それでもなんとかやっていけるものなのです。

「ラーメン作りは未経験だけど、やる気と根性は誰にも負けないので、すぐにでも開業したい！」という人は、このやり方でチャレンジしてみてもいいと思います。

2. ラーメン作りを学べる学校

「いくら、レシピがわかったり、業者から仕入れができるとはいえ、ぶっつけ本番はやっぱり不安……」という人もいるでしょう。

そういう慎重派の人には、ラーメン作りを学ぶことができる学校で基本を学んでから開業するという方法もあります。

ラーメン学校の中には、４日間でラーメン作りの基本を学べる学校から、７日間で学べる学校、11日間で学べる学校まで、いくつかの学校がありますので、インターネットで検索して調べてみるといいでしょう。

たとえば、４日間のところは主にスープと麺作りについて学べ、７日間のところはこれらに加えて経営ノウハウまで学べるようになっています。あるラーメン学校は、「７日間でプロになれる」を売り文句にしています。

私の知っているラーメン作りを学べる学校は、大和製作所という香川県に本社を置く、製麺機メーカーが主催しています（当社もこちらの製麺機を使用しています）。

製麺機メーカー主催といっても、もちろん、オリジナル麺の作り方だけでなく、スープの作り方も教えてくれます。

麺とスープの相性、塩味、みそ味、しょうゆ味のタレの作り方から、豚骨、魚介、ブレンドによるオリジナルスープの作り方まで講座内容に入っているそうです。

さらに、メンマや煮卵などのトッピングの作り方も教えてくれますし、お店を繁盛店にするための経営ノウハウまで教えてくれます。

ちなみに、このラーメン学校は香川と東京で開催されており、受講料は38万円プラステキスト代となっており、これまで約１５００名の卒業生を世に送り出しています。

このような学校が各地にありますので、興味のある人はまず、インターネット等で探して、資料請求からしてみるといいでしょう。

3．接客業のバイト経験もない人はラーメン店でバイトを！

ラーメン学校で教えてくれる麺やスープの作り方は、確かにラーメン店を開業するために真っ先に必要な知識です。しかし、ラーメン店は味だけで成り立つものではありません。もしあなたに接客業の経験がまったくない場合は、できればどこかのラーメン店にアルバイトでもいいので修業に行き、最低でも3カ月、できれば1年間は勤めることをおすすめします。

そこであなたが学ぶべきことは、

・お客様との生の接客
・サービスの本質
・従業員同士のコミュニケーションの取り方
・おいしい味をコンスタントに出す方法
・集客や広告の方法

など、ラーメン学校では教えてくれないことです。

特に、接客は実際に現場で経験してみないとわからないことがたくさんありますので、ぜひ経験してから開業することをおすすめします。


さらに、一番大事なことは、「仕事に取り組む姿勢」です。

ただ単にアルバイトとして小遣いを稼ぐだけの姿勢と、将来、一国一城の主として店を出したい、という気構えで勤務するのとでは、1年後、天と地ほどの差がつきます。

もちろん、ラーメン店を開業したい人には、後者の真剣勝負の修業をおすすめしています。


修業するラーメン店については、基本的にどこの店でもかまいません。

できれば、将来あなたが出したいラーメンの味に近いお店がいいでしょうが、まだ決まっていないようであれば、自分の好みの味の店を選べばいいでしょう。

田舎のラーメン店と都会のラーメン店のどちらで修業するのがいいのかという点については、両方経験してその違いを実感しておくのがベストですが、現実には難しいかもしれませんので、どちらか一方でも大丈夫です。

ただ、いずれにしても暇な店ではなく、忙しい繁盛店で修業することをおすすめします。

また、従業員同士のコミュニケーションを学ぶためにも、店主以外のスタッフが常時2人以上いるお店がいいでしょう。

さらにいうと、ホールならホールだけ、洗い場なら洗い場だけというように、役割分担がきっちり決まっている店よりも、色々な仕事を経験させてくれる店のほうが勉強になりますので、そういうところを選ぶことをおすすめします。

このようなラーメン店で1年間修業すれば、ラーメン店を運営していく上で必要な知識や技術、ノウハウを現場で学ぶことができますので、開業するにあたっての大きな自信になることは間違いありません。

4、のれん分けとフランチャイズ

独立開業をするのに、自力でお店を出す方法以外に、チェーン店のフランチャイズになって出店する方法と、のれん分け制度を利用して出店する方法もあります。

この2つの仕組みは似ているようで、じつは違いがありますので、簡単に説明しておきましょう。

1つ目のフランチャイズは、加盟する人または法人が、フランチャイズ本部から店舗の看板や、商品・サービスを使う権利をもらい、その対価としてロイヤリティーをフランチャイズ本部に支払うというシステムです。

まず加盟金を払ってそのチェーンに加盟し、本部が用意した1～2週間の研修を受講して技術やノウハウを学べば、フランチャイジーとして、すぐに開業できます。

料理の作り方から食材の仕入れ方、接客の仕方、マネジメントの仕方、集客の仕方まで、店舗運営に関することはほとんどすべてマニュアル化されていますので、そのマニュアルどおりやれば、まったくの素人でもラーメン店を経営できるのが、フランチャイズの最大のメリットといえるでしょう。そのチェーンのブランドを使えることも大きなメリットといえます。

フランチャイズのデメリットをあげるとすれば、本部の言うとおりにしなければいけないため、ほとんど自由度がないことと、毎月本部にロイヤリティーを支払わなければいけないことでしょう。

フランチャイズは、加盟時に加盟金を、開業後はロイヤリティーを本部に払う仕組みになっています。加盟金を含めて開業時にかかる費用はだいたい200～300万円。ロイヤリティーはさまざまで、本部に毎月決まった金額を払う定額制のところもあれば、売上の3～

5％を払う定率制のところもあります。

特に、ロイヤリティーが定額制の場合、売上が順調なときはいいのですが、不景気になって売上が下がってきたりすると、毎月のロイヤリティーが経営を圧迫することにもなりかねません。


一方のれん分けとは、長年、その店で正社員として働いた人が、オーナー（会社）から新たな店舗を授けられ、さまざまな支援を受けながら円満に独立できるシステムです。のれんというのは、店の屋号や商号のことだけでなく、ラーメン作りのノウハウや、仕入れ先、店舗運営や販促のノウハウなど、有形無形の財産のこと。

のれん分けで独立すると、これらを利用することができるので、1人で一から店を立ち上げるよりも、リスクと初期費用が低く抑えられるというメリットがあるのです。

のれん分けの元となる店の本店で2～3年修業した後、店主に店を運営していく能力があると認めてもらえたら、その店の名前を名乗って独立することを許されます。

加盟金はないところが多く、ロイヤリティーもないところがほとんどで、ある場合も低率に設定されているケースが多いようです。また、修業期間中は給料がもらえるので、それを独立資金として貯めておくこともできます。ただ実際は、足りない分の出店費用をオーナーが貸し付け、それを返済していくパターンが多いようです。

メニューや店舗運営に関しては自由度が高く、自分のオリジナリティーを出すことも可能です。

デメリットがあるとすれば、厳しい修業をしなければいけないことと、独立開業までに時間がかかることでしょう。


店舗の取得費用や建築費用、リフォーム費用はフランチャイズとのれん分け、どちらもオーナー負担です。

規模の大きなファミリーレストランやファーストフードのフランチャイズともなると、オーナーは資金を出すだけで、実際の店舗運営はオーナーが雇った店長が行うケースが一般的です。

独立するにあたってまとまった資金を準備できるのであれば、どこかのフランチャイズに加盟するという方法もありますが、そうでない場合は、のれん分け制度を活用して独立するのも1つの選択肢でしょう。


ちなみに、当社にものれん分け制度がありその概要は次のようになっています。

①加盟金なし
②ロイヤリティーなし
③修業期間は約２年（調理と接客と店の運営を学ぶ。給料あり）
④本人の希望のエリアに、まず当社が出店する
⑤お店が軌道に乗ってきたら、お店を引き渡す
⑥出店にかかった費用を当社に返済してもらう
⑦すべての食材を当社から仕入れてもらう
⑧仕入れの保証金（１００万円程度）を納めてもらう

現在、お店を出したいという人が１人修業中ですので、もうすぐ当社ののれん分け第１号が誕生しそうです。

エピローグ　田舎でラーメン起業して、自分の夢をかなえよう！

◆儲けるより、長く続けることが大事！

「ラーメン起業をするなら、一発当てて、たくさん稼ぎたい！」と思っている人もいるかもしれません。

もちろん、その考えは否定しませんし、そういうハングリー精神で一所懸命がんばって成功している人もいますので、自分のやる気に火をつける意味でも、そういう気持ちは大切だと思います。

しかし、私が本書で言いたかったことは、田舎でラーメン店を開業する場合は、儲けることも大事だけれど、それよりもお店をできるだけ長く続けることを第一に考えてほしいということです。

特に、自分の地元で商売をする場合は、その気持ちが大事です。なぜなら、「自分さえ良ければ」という考え方は、地元の人たちには受け入れられないからです。

儲かったら店を売り払うとか、店を辞めるといった考えではなく、その地で100年続けるくらいの気持ちでやってほしいのです。

当店は私の祖父が１９６９年に創業して以来、潰れることなく約50年続いているわけですが、これだけ続いてきたのは、祖父や父に「長く続ける」という気持ちがあったからだと思います。

長く続けるためには、地元の人たちに愛され続けることが大切です。愛されなければ、続けたくても続けられないからです。

田舎は都会と違って、新規のお客様だけで店が回るほど、人口が多くありません。田舎のお店は常連さんに支えられているといっても過言ではないでしょう。だからこそ、長く続けるためには地元の人たちとの関係を大切にしなければいけないのです。

これまで田舎でラーメン店を開業する場合の成功法則をいくつも述べてきましたが、もしかすると、「長く続ける」という考え方で店を経営していくことが、一番の成功法則といえるでしょう。

◆「田舎でラーメン起業」のメリット

もし、あなたが田舎に帰ってラーメン店を開業した場合、あなたにはいいことがたくさんあります。

1つ目は、一国一城の主になれることです。サラリーマンの人なら、誰からも指示されない生活に一度は憧れたことがあるのではないでしょうか。

もちろん、一国一城の主になるということは、すべての責任が自分にかかってくるので厳しいこともありますが、どれだけ稼ぐかも自分で決められますし、何時から何時まで働くかも自分で自由に決められます。

このようにすべてを自分の思い通りにできるということは、大きな魅力といえるでしょう。


2つ目は、あなたの夢の実現が加速するということです。

あなたには、夢はありますか？　それはどんな夢ですか？

田舎でラーメン店を開業して繁盛店にするのが夢という人もいるでしょうし、ラーメン店でお金を稼いで何か別のことを成し遂げたいという人もいることでしょう。

いずれにしても、夢を1人でかなえようとすると大変ですが、応援してくれる人がたくさんいれば、その夢の実現は加速します。

田舎に帰れば、昔の仲間たちが、あなたの夢を応援してくれることでしょう。また、ラーメン店を開業した後は、お店のスタッフたちやお店に来てくれるお客様たちもあなたの夢の応援団になってくれるかもしれません。

私自身、三代目の社長に就任してから、新店舗をオープンしたり、製麺所を作ったりと、やりたかったことを次々と実現させてきましたが、これらは三八で働いてくれているスタッフのおかげだと感謝しています。

だから今、私はスタッフの夢を本気で応援したいと思っています。

さらに、故郷に帰りたくても仕事がないため、帰ることを躊躇している人たちを応援するために、新しい形の「のれん分け制度」も提供しています。

さらに自分の地元に帰った人は、両親の近くで暮らせるようになるということも、メリットとして大きいです。

親元を離れて暮らしている場合、人や状況にもよりますが、田舎に帰るのはおそらく年に2~3回程度でしょう。なかには1回も帰らないという人もいるかもしれません。

両親が若くて元気なうちはまだいいでしょうが、両親が年老いてくると、なにかと心配事も増えてくるでしょう。離れている方は年に2回両親に会うとして、あと何回両親に会えるか計算してみたことはありますか?

親孝行ができているのは、私が地元に戻ってきて一番良かったと思っていることでもあります。特に、結婚して、子供ができて、両親に孫の顔をたくさん見せてあげられると同時に、私の両親も妻の両親も近くに住んでいるので、何かあると子供を預かってもらえて私たちも助かっています。

また、幼なじみや学生時代の友人たちが近くにいる環境で暮らせるということも、私にとっては利点です。

あなたは今、ありのままの自分をさらけ出せる友だちが近くにいますか？

気が置けない仲間と過ごす時間ほど心地良いものはありませんが、私がサラリーマンをしていたころは、このような友だちがいなくて寂しい思いをしたものです。

また、今思うと、1人のとき以外は、心に鎧をまとっていたような気がします。

しかし、田舎に帰ってきてからは、そのようなことはなくなりました。ありのままの自分でいられる時間が長くなったのです。

あなたも田舎に帰ることで、本来の自分を取り戻しませんか？

私の人生のミッションは、ラーメン起業を推進することで、日本中の田舎に雇用を生み出し、地元に帰りたい若者を応援することです。

本書を書いたのもそのためです。

ですので、本書があなたの田舎でのラーメン起業のきっかけになれば、著者としてこれほどうれしいことはありません。

あなたのチャレンジを応援しています。

最後になりましたが、出版の機会を与えてくださったパンローリングの後藤康徳社長、編集を担当してくださった宮坂雅代さん、出版のきっかけを作ってくださった天才工場のみなさんに、この場をお借りしてお礼を申し上げたいと思います。

また、いつも一所懸命がんばってくれている三八のスタッフのみんなにも、お礼を言いたいと思います。いつも本当にありがとう!

そして最後に、本書を読んでくださったあなたの幸せを、心からお祈りしています。

岡田元一

■著者紹介

岡田元一（おかだ もとかず）

「有限会社三八」代表取締役。

1980年、徳島県生まれ。関西大学社会学部卒業後、大手ファミリーレストランチェーンに入社。都会での社会人生活に憧れていたが、異動で徳島に強制Uターン。四国を中心に、新規立ち上げ店舗を転々と巡る。25歳のときに家業であるラーメン店を継ぐためファミレスを退社し、「支那そば三八（さんぱ）」田宮店の開店に携わる。田宮店の店長を務めながら、2009年に徳島駅前店（現：三八製麺所「はじめ」）をオープンさせ、2011年に父親の後を継いで、代表取締役に就任。徳島県内4店舗、従業員数70名を超えるチェーン店の経営者として、店舗リニューアルや、セントラルキッチン設立、広報活動、イベント出店などを積極的に行う。

「仕事を通じて世のため人のためになる人材を輩出する」という目的で、自律型の人材育成プログラムを構築してスタッフの成長を応援しているほか、故郷に帰りたくても仕事がなくて帰れない人たちを応援するために、新しい形の「のれん分け」制度を提供している。「人」が 育ち、「志事」が生れることにより、「まち」が良くなるという考えを信念に、「ラーメン創り」を通じて「人創り」「まち創り」を行っている。

ホームページ 「支那そば三八」
http://www.e-sampa.net
インスタグラム「徳島ラーメングラム」
@sampa-ramengram

2018年9月3日 初版第1刷発行

徳島《とくしま》で老舗《しにせ》ラーメン店《てん》を継《つ》いでみた
――三代目社長が見つけた成功法則

著　者　岡田元一
発行者　後藤康徳
発行所　パンローリング株式会社
〒160-0023　東京都新宿区西新宿7-9-18　6階
TEL 03-5386-7391　FAX 03-5386-7393
http://www.panrolling.com/
E-mail　info@panrolling.com
装　丁　パンローリング装丁室
組　版　パンローリング制作室
印刷·製本　株式会社シナノ

ISBN978-4-7759-9160-2